기도하는 엄마들
Praying for Children & Schools

자녀들과 교사, 학교, 주일 학교를 위해 기도하는 엄마들을 위한

한영기도일지 ❶
Korean-English Prayer Sheets ❶

한국 기도하는 엄마들(MIP KOREA) 감수

프리셉트

❤ 한국 기도하는 엄마들(MIP KOREA)

♡ 기도하는 엄마들(Moms In Prayer, MIP)은?

- 정기적으로 매주 한 시간씩 모여 자녀들과 학교를 위해 중보하는 여성들입니다.
- 어떤 특정 아이나 학교를 위해 기꺼이 기도하기 원하는 크리스천 여성들입니다.
- 하나님께서 기도에 응답하신다고 믿는 여성들입니다.

기도하는 엄마들의 목적은 엄마들이 모여 함께 자녀들을 위해 기도함으로 그들을 몸소 지키며, 자녀들의 학교가 성경적 가치와 높은 도덕적 기준으로 그들을 지도할 수 있게 중보하는 것이다.

사명선언문

기도하는 엄마들은
엄마들이 모여 기도함으로 그리스도를 위하여
온 세계 자녀들과 학교에 영향을 끼친다!

비전선언문

우리의 비전은
세상의 모든 학교를 위하여
기도하는 것이다!

♡ MIP 기도 특징

대화식 합심기도
- 두세 명의 엄마들이 기도하기에 짧고 단순한 언어로 구체적으로 기도한다.
- 한 번에 한 주제에 집중하여 기도한다.
- KISS(Keep It Simple and Short/Specific)의 원리를 따라 기도한다.

말씀기도
성경 말씀을 묵상하고 그 말씀에 근거하여 기도한다.

4단계기도
MIP 기도 시간은 4단계로 이루어진다. (찬양 – 고백 – 감사 – 중보)

♡ 한국 기도하는 엄마들 홈페이지 www.mip.or.kr

♥ MIP KOREA

♡ What is Moms in Prayer(MIP)?

- Two or more women who meet regularly (one hour a week is optimal) to intercede on behalf of children and schools through prayer.
- Christian mothers, grandmothers or any woman who is willing to pray for a specific child and school.
- Women who believe that God answers prayer.

Purpose

The purpose is for mothers to protect their children by praying for them together and to pray that our schools will be directed by biblical values and high moral standards.

Mission Statement

Moms in Prayer International impacts children and schools worldwide for Christ by gathering mothers to pray.

Vision Statement

Our vision is that every school in the world would be covered with prayer.

♡ Method of Prayer

Conversationally praying in One Accord

- Two or three mothers pray specifically in short, simple language.
- Focus our prayers on one topic at a time.
- Try to Keep prayer Simple and Short/Specific (KISS Principle).

Prayer through God's word

Meditate on the words of Scripture and pray based on them.

Four Steps of Prayer

The Moms In Prayer hour is divided into Four Steps of Prayer.
(Praise – Confession – Thanksgiving – Intercession)

♡ MIP KOREA home page: www.mip.or.kr

♥ 한국 기도하는 엄마들(MIP KOREA)

1984년부터 시작된 MIP는 국제본부(www.momsinprayer.org)가 미국에 있으며 현재 160개국 엄마들이 동참하고 있는 복음적이고 국제적인 기도사역입니다. 우리나라에서는 1998년부터 사역이 시작되었고 지금까지 수많은 기도하는 엄마들이 이 땅 가운데 세워지고 있습니다.

♡ 2024년 현재 기도하는 엄마들 사역을 하고 있는 지역은 다음과 같습니다.

지역	교회	연락처
서울	남서울은혜교회 외	010-2045-1795
수도권	선한목자교회 외	010-2796-6560
충청/강원	천안중앙교회 외	010-7464-4409
전라	광주 혜성교회 외	010-3626-1275
경북	대구 침산제일교회 외	010-9310-2227
경남	창원 한빛교회 외	010-4268-3368
부산/제주	부산 수영로교회 외	010-5004-5925

비전선포 기도

기도하는 엄마들

- 제가 '기도의 여인'이 되게 하옵소서!
- 제가 기도를 통한 하나님의 능력에 대한 비전을 가질 수 있게 하옵소서!
- 제가 '중보기도자'가 되게 하옵소서!
- 제가 적극적인 기도를 하되,
  삶의 한 방식으로 솔선수범하여 주도권을 가지고
  다른 사람과 함께 기도하게 하옵소서!
- 제가 말씀으로 기도하는 법을 배우게 하옵소서!
- 제가 쉬지 말고 기도할 수 있게 하옵소서!
- 제가 하나님께서 기도 중에 제게 가르쳐주신 진리를
  다른 사람들에게 전해 줄 수 있게 하옵소서!

♥ MIP KOREA

MIP is an evangelical, international prayer ministry which started in 1984, with its international headquarters in the United States and currently in a 160 countries.

In Korea, the ministry began in 1998, and so far, many praying mothers have been established.

♡ As of 2024, the following areas are doing the Moms in Prayer ministry.

Region	Church	Phone
Seoul	Nam Seoul Grace etc.	010-2045-1795
Metropolitan Area	Good Shepherd etc.	010-2796-6560
Chungcheong/Kangwon	Cheonan Central Presbyterian etc.	010-7464-4409
Jeolla	Gwangju Hyeseong etc.	010-3626-1275
Gyeongbook	Daegu Chimsan Jeil etc.	010-9310-2227
Gyeongnam	Changwon Hanbit etc.	010-4268-3368
Busan/Jeju Island	Sooyoungro Church etc.	010-5004-5925

Vision Proclamation Prayer (Fern's Prayer)

기도하는 엄마들

- That I would be a woman of prayer.
- That I would gain a vision for the power of God through prayer.
- That I would seek to become an intercessor.
- That I would begin to actively pray, taking the initiative to pray with others, as a way of life.
- That I would learn to pray using Scripture.
- That I would pray without ceasing.
- That I would be able to communicate to others what God is teaching me in prayer.

목 차

- 한국 기도하는 엄마들(MIP KOREA) • 2
- 비전선포 기도 • 4

I 하나님의 성품

1주♡ 용서하시는 하나님 • 8
2주♡ 사랑의 하나님 • 10
3주♡ 선하신 하나님 • 12
4주♡ 인내하시는 하나님 • 14
___년 ___월 MIP 기도달력 • 16

5주♡ 신실하신 하나님 • 18
6주♡ 평강의 하나님 • 20

II 하나님의 이름

7주♡ 엘 샤다이 – 전능하신 하나님 • 22
8주♡ 여호와 닛시 – 주는 우리의 깃발 • 24
___년 ___월 MIP 기도달력 • 26

9주♡ 여호와 사바오트 – 만군의 여호와 • 28
10주♡ 여호와 이레 – 준비하시는 하나님 • 30
11주♡ 여호와 라파 – 치료하시는 하나님 • 32
12주♡ 여호와 치케누 – 주님은 우리의 의 • 34
___년 ___월 MIP 기도달력 • 36

III 하나님의 속성

13주♡ 능력의 하나님 • 38
14주♡ 편재자 하나님 • 40
15주♡ 영원하신 하나님 • 42
16주♡ 불변자 하나님 • 44
___년 ___월 MIP 기도달력 • 46

17주♡ 공의로우신 하나님 • 48
18주♡ 위엄의 하나님 • 50

IV 하나님의 사역

19주♡ 창조주 하나님 • 52
20주♡ 왕이신 하나님 • 54
___년 ___월 MIP 기도달력 • 56

21주♡ 승리의 하나님 • 58
22주♡ 싸우시는 하나님 • 60
23주♡ 구속자 되신 하나님 • 62
24주♡ 인도자 되시는 하나님 • 64
___년 ___월 MIP 기도달력 • 66

- 10대 자녀를 위한 기도제안 • 68
- 31일 성품 기도달력 • 72

Table of Contents

♥ MIP KOREA • 3

♥ Vision Proclamation Prayer(Fern's Prayer) • 5

I God's Character

Week 1 ♡ God is Forgiving • 8-1

Week 2 ♡ God is Love • 10-1

Week 3 ♡ God is Good • 12-1

Week 4 ♡ God is Patient • 14-1

___년 ___월 MIP 기도달력 • 16

Week 5 ♡ God is Faithful • 18-1

Week 6 ♡ God is Peace • 20-1

II The Names of God

Week 7 ♡ The All-Sufficient God • 22-1

Week 8 ♡ The LORD is My Banner • 24-1

___년 ___월 MIP 기도달력 • 26

Week 9 ♡ The LORD is Almighty • 28-1

Week 10 ♡ The LORD will Provide • 30-1

Week 11 ♡ The LORD Who Heals • 32-1

Week 12 ♡ The LORD Our Righteousness • 34-1

___년 ___월 MIP 기도달력 • 36

III The Attributes of God

Week 13 ♡ God is Powerful • 38-1

Week 14 ♡ The Omnipresent God • 40-1

Week 15 ♡ God is Everlasting • 42-1

Week 16 ♡ God is Unchanging • 44-1

___년 ___월 MIP 기도달력 • 46

Week 17 ♡ God is Righteous • 48-1

Week 18 ♡ God of Majesty • 50-1

IV The Works of God

Week 19 ♡ The Creator • 52-1

Week 20 ♡ King of Glory • 54-1

___년 ___월 MIP 기도달력 • 56

Week 21 ♡ God of Victory • 58-1

Week 22 ♡ God Fights for Us • 60-1

Week 23 ♡ God the Redeemer • 62-1

Week 24 ♡ God is Our Guide • 64-1

___년 ___월 MIP 기도달력 • 66

♥ Prayer Suggestions for Teenage Children • 70

♥ 31-Day Character Prayer Calendar • 74

1주 ♥ 용서하시는 하나님

한국 기도하는 엄마들　　　　　　　　　　　　• 날짜: 20___년 ___월 ___일 (___요일) ___시

♥ **찬양**(8-10분) – 이제 용서하시는 하나님을 선포하고 찬양하겠습니다(하나님의 속성, 이름, 성품으로 하나님을 찬양하십시오. 이 시간은 기도 응답이나 기도 제목을 나누는 시간이 아닙니다. 찬양만 하십시오.).

우리는 용서하지 못하고 다른 사람을 향해 언짢은 마음을 품고 삽니다. 그러나 그것은 우리 목에 차갑고 무겁고 고통스러운 돌덩이를 걸고 있는 것처럼 스스로를 괴롭히는 것입니다. 용서하기 어려울 때 우리를 용서하시기 위해 십자가에 죽으시는 고통의 값을 지불하신 예수님을 기억하고 이제 그 돌덩이를 내려놓읍시다. 그러면 주께서 용서할 수 있는 은혜를 부어 주실 것입니다. 우리를 누르고 있는 그 고통의 무게가 사라질 것입니다.

대하 7:14	내 이름으로 일컫는 내 백성이 그들의 악한 길에서 떠나 스스로 낮추고 기도하여 내 얼굴을 찾으면 내가 하늘에서 듣고 그들의 죄를 사하고 그들의 땅을 고칠지라
미 7:18	주와 같은 신이 어디 있으리이까 주께서는 죄악과 그 기업에 남은 자의 허물을 사유하시며 인애를 기뻐하시므로 진노를 오래 품지 아니하시나이다
엡 1:7	우리는 그리스도 안에서 그의 은혜의 풍성함을 따라 그의 피로 말미암아 속량 곧 죄 사함을 받았느니라
엡 4:31-32	너희는 모든 악독과 노함과 분냄과 떠드는 것과 비방하는 것을 모든 악의와 함께 버리고 서로 친절하게 하며 불쌍히 여기며 서로 용서하기를 하나님이 그리스도 안에서 너희를 용서하심과 같이 하라
골 1:13-14	그가 우리를 흑암의 권세에서 건져내사 그의 사랑의 아들의 나라로 옮기셨으니 그 아들 안에서 우리가 속량 곧 죄 사함을 얻었도다
시 130:3-4	여호와여 주께서 죄악을 지켜보실진대 주여 누가 서리이까 그러나 사유하심이 주께 있음은 주를 경외하게 하심이니이다

♥ **고백**(2-3분) – 우리가 죄를 품고 있으면 하나님은 우리 기도를 듣지 않으십니다.
이 시간은 조용히 침묵하는 가운데 우리의 죄를 고백하는 기도를 하겠습니다. (2-3분 후)
만일 우리가 우리 죄를 자백하면 하나님께서는 신실하시고 의로우심으로 우리 죄를 용서하시고 모든 불의에서 우리를 깨끗케 하신다고 하신 말씀대로 우리의 죄가 그리스도의 보혈로 깨끗하게 씻겨졌음을 믿습니다. 이제 우리를 온전히 다스리시고, 성령으로 충만케 하여 주시옵소서. 아멘!

♥ **감사**(5-8분) – 이제 기도 응답에 대하여 하나님께 감사기도를 드리겠습니다(이 시간에 간구는 하지 않습니다.).

자녀 이름:	자녀 이름:

♥ **중보(30-40분)** – (대화식 합심기도는 언제나 짧고 Short, 간단하게 Simple, 구체적으로 Specific 합니다.)

① **이제 우리 자녀를 위해 중보기도하겠습니다.**

　♡ **먼저 ○○를 위해 성구기도하겠습니다.**

　　_____ 가 모든 악독과 노함과 분냄과 떠드는 것과 비방하는 것을 모든 악의와 함께 버리고 서로 친절하게 하며 불쌍히 여기며 서로 용서하기를 하나님이 그리스도 안에서 _____ 를 용서하심과 같이 용서하게 하소서(엡 4:31-32).

　성구 확장 기도

　♡ **○○를 위해 구체적인 기도를 하겠습니다.**

자녀 이름:	자녀 이름:

② **학교 선생님을 위해 기도하겠습니다.**

　신자일 때: 우리 주 예수 그리스도의 하나님이신 영광의 아버지께서 지혜와 계시의 영을 _____ 선생님에게 주셔서 하나님을 더 깊이 알게 하시고, _____ 선생님의 마음의 눈을 밝혀 주셔서 교사로 부르심의 소망이 무엇인지 알게 하여 주소서(엡 1:17-18).

　불신자일 때: _____ 선생님의 눈을 뜨게 하셔서 어둠에서 빛으로, 사탄의 권세에서 하나님께로 돌아오게 하시고 죄 사함과 예수를 믿어 거룩하게 된 무리 가운데서 기업을 얻게 하소서(행 26:18).

　구체적인 기도 제목: _____

③ **학교를 위해 기도하겠습니다.** _____

④ **주일학교 선생님을 위해 기도하겠습니다.** _____

⑤ **주일학교 주요 사안(주일학교 부서)을 위해 기도하겠습니다.** _____

⑥ **기도하는 엄마들 사역을 위해 기도달력으로 기도하겠습니다**(당월 기도달력을 홈페이지에서 다운받아 모일 때마다 한 주 분씩 기도해 주십시오. www.mip.or.kr).

♥ **마무리** – 오늘도 우리의 기도를 들으시는 하나님께 감사와 영광을 올려드리며 예수님의 이름으로 기도드립니다. 아멘!

♥ 모임 내에서 기도한 내용은 모임 안에 남아야 함을 잊지 마십시오!!

Week 1 ♥ God is Forgiving

• Date: _____

♥ **Praise** (8-10mins) – **Let's declare that God is forgiving**(Praising God for who He is, His attributes, His name and His character. Please no answers to prayers or prayer requests during this time.).

Because of our unwillingness to forgive we harbour unpleasant feelings towards others. However having an unforgiving heart is like wearing a heavy and painful stone around your neck, inflicting pain on yourself. When it is hard to forgive, remember that Jesus has paid the price on the cross to forgive our sins. He will give us strength to forgive. Do you have anybody to forgive? This is the time to start forgiving. Then the weight of pain pressing down on you will disappear.

2Chronicles 7:14	If my people, who are called by my name, will humble themselves and pray and seek my face and turn from their wicked ways, then will I hear from heaven and will forgive their sin and will heal their land
Micah 7:18	Who is a God like you, who pardons sin and forgives the transgression of the remnant of his inheritance? You do not stay angry forever but delight to show mercy.
Ephesians 1:7	In him we have redemption through his blood, the forgiveness of sins, in accordance with the riches of God's grace
Ephesians 4:31-32	Get rid of all bitterness, rage and anger, brawling and slander, along with every form of malice. Be kind and compassionate to one another, forgiving each other, just as in Christ God forgave you
Colossians 1:13-14	For he has rescued us from the dominion of darkness and brought us into the kingdom of the Son he loves, in whom we have redemption the forgiveness of sins.
Psalms 130:3-4	If you, O LORD, kept a record of sins, O Lord, who could stand? But with you there is forgiveness; therefore you are feared

♥ **Confession** (2-3mins) – **When we are living in sin, God does not hear our prayers. We want to take this time to pray and confess our sins in silence(2-3mins). Your Word tells us that if we confess our sins, You are faithful and righteous to forgive us our sins and to cleanse us from all unrighteousness. We believe that our sins have been washed clean by the blood of Christ. Sovereign Lord, fill us with your Holy Spirit. Amen!**

♥ **Thanksgiving** (5-8mins) – **Thanking God for What He has done**(Please, no prayer requests during this time.).

Child:	Child:

♥ **Intercession**(30-40mins) – (Conversational one accord prayer is always short, simple and specific.)

① **Our Own Children**

♡ **Scripture prayer for ○○.**

Help _____ (insert child's name) to get rid of all bitterness, rage and anger, brawling and slander, along with every form of malice. Let _____ be kind and compassionate to others, forgiving them, just as in Christ God forgave _____ (Ephesians 4:31-32).

Expanded scripture prayer

♡ **Let's pray for ○○ specifically.**

Child:	Child:

② **Teachers/Staff**

Christian teacher: I keep asking that the God of our Lord Jesus Christ, the glorious Father, may give _____ (insert teacher's name) the Spirit of wisdom and revelation, so that they may know him better. I pray also that the eyes of _____'s heart may be enlightened in order that they _____ may know the hope to which he has called _____, the riches of his glorious inheritance in the saints(Ephesians 1:17-18).

Non-christian teacher: Open _____'s (insert teacher's name) eyes and turn _____ from darkness to light, and from the power of Satan to God, so that _____ may receive forgiveness of sins and a place among those who are sanctified by faith in Jesus(Acts 26:18).

Specific Request: _____

③ **School Concerns** _____

④ **Sunday School Teacher** _____

⑤ **Sunday School Concerns** _____

⑥ **Pray for MIP Korea**(Print the monthly calendar from **www.mip.or.kr** and pray for each week's requests.)

♥ **Finish** – **We give praise and glory to You, our Father in heaven who listens our prayers. In Jesus' name we pray, Amen!**

♥ Remember, what is prayed in the group, stays in the group!!

2주 ♥ 사랑의 하나님

한국 기도하는 엄마들 · 날짜: 20____년 ____월 ____일 (____요일) ____시

♥ **찬양**(8-10분) – 이제 **사랑의 하나님**을 선포하고 **찬양하겠습니다**(하나님의 속성, 이름, 성품으로 하나님을 찬양하십시오. 이 시간은 기도 응답이나 기도 제목을 나누는 시간이 아닙니다. 찬양만 하십시오.).

우리 아버지 하나님께서는 죄에 빠진 우리를 포기하지 않고 기다리십니다. 때로 하나님께서 하시는 꾸지람은 우리가 잘못된 길로 가지 않기를 바라시는 사랑의 표현입니다. 그리스도의 사랑에서 우리를 끊을 수 있는 것은 아무것도 없습니다. 우리를 사랑하신 하나님께서는 죽음으로까지 그 사랑을 확증해 주셨습니다.

롬 5:8   우리가 아직 죄인 되었을 때에 그리스도께서 우리를 위하여 죽으심으로 하나님께서 우리에 대한 자기의 사랑을 확증하셨느니라

롬 8:35–37   누가 우리를 그리스도의 사랑에서 끊으리요 환난이나 곤고나 박해나 기근이나 적신이나 위험이나 칼이랴… 그러나 이 모든 일에 우리를 사랑하시는 이로 말미암아 우리가 넉넉히 이기느니라

엡 3:18–19   능히 모든 성도와 함께 지식에 넘치는 그리스도의 사랑을 알고 그 너비와 길이와 높이와 깊이가 어떠함을 깨달아 하나님의 모든 충만하신 것으로 너희에게 충만하게 하시기를 구하노라

요일 4:10   사랑은 여기 있으니 우리가 하나님을 사랑한 것이 아니요 하나님이 우리를 사랑하사 우리 죄를 속하기 위하여 화목 제물로 그 아들을 보내셨음이라

요 3:16   하나님이 세상을 이처럼 사랑하사 독생자를 주셨으니 이는 그를 믿는 자마다 멸망하지 않고 영생을 얻게 하려 하심이라

요일 4:16   하나님이 우리를 사랑하시는 사랑을 우리가 알고 믿었노니 하나님은 사랑이시라 사랑 안에 거하는 자는 하나님 안에 거하고 하나님도 그의 안에 거하시느니라

♥ **고백**(2-3분) – 우리가 죄를 품고 있으면 하나님은 우리 기도를 듣지 않으십니다.
이 시간은 조용히 침묵하는 가운데 우리의 죄를 고백하는 기도를 하겠습니다. (2-3분 후) 만일 우리가 우리 죄를 자백하면 하나님께서는 신실하시고 의로우심으로 우리 죄를 용서하시고 모든 불의에서 우리를 깨끗케 하신다고 하신 말씀대로 우리의 죄가 그리스도의 보혈로 깨끗하게 씻겨졌음을 믿습니다. 이제 우리를 온전히 다스리시고, 성령으로 충만케 하여 주시옵소서. 아멘!

♥ **감사**(5-8분) – 이제 기도 응답에 대하여 하나님께 감사기도를 드리겠습니다(이 시간에 간구는 하지 않습니다.).

자녀 이름: _____   자녀 이름: _____

_____

_____

_____

_____

♥ **중보(30-40분)** – (대화식 합심기도는 언제나 짧고 Short, 간단하게 Simple, 구체적으로 Specific 합니다.)

① 이제 우리 자녀를 위해 중보기도하겠습니다.

♡ 먼저 ○○를 위해 성구기도하겠습니다.

　　　　　가 모든 성도와 함께 지식에 넘치는 그리스도의 사랑을 알아 그 너비와 길이와 높이와 깊이가 어떠함을 깨달아 하나님의 모든 충만하신 것으로 충만하게 도우소서(엡 3:18-19).

성구 확장 기도

♡ ○○를 위해 구체적인 기도를 하겠습니다.

자녀 이름:	자녀 이름:

② 학교 선생님을 위해 기도하겠습니다.

신자일 때: 우리 주 예수 그리스도의 하나님이신 영광의 아버지께서 지혜와 계시의 영을 　　　　　 선생님에게 주셔서 하나님을 더 깊이 알게 하시고, 　　　　　 선생님의 마음의 눈을 밝혀 주셔서 교사로 부르심의 소망이 무엇인지 알게 하여 주소서(엡 1:17-18).

불신자일 때: 　　　　　 선생님의 눈을 뜨게 하셔서 어둠에서 빛으로, 사탄의 권세에서 하나님께로 돌아오게 하시고 죄 사함과 예수를 믿어 거룩하게 된 무리 가운데서 기업을 얻게 하소서(행 26:18).

구체적인 기도 제목: _____

③ 학교를 위해 기도하겠습니다. _____

④ 주일학교 선생님을 위해 기도하겠습니다. _____

⑤ 주일학교 주요 사안(주일학교 부서)을 위해 기도하겠습니다. _____

⑥ 기도하는 엄마들 사역을 위해 기도달력으로 기도하겠습니다(당월 기도달력을 홈페이지에서 다운받아 모일 때마다 한 주 분씩 기도해 주십시오. **www.mip.or.kr**).

♥ **마무리** – 오늘도 우리의 기도를 들으시는 하나님께 감사와 영광을 올려드리며 예수님의 이름으로 기도드립니다. 아멘!

♥ 모임 내에서 기도한 내용은 모임 안에 남아야 함을 잊지 마십시오!!

Week 2 ♥ God is Love

• Date: _____

♥ **Praise** (8-10mins) – **Let's declare that God is love**(Praising God for who He is, His attributes, His name and His character. Please no answers to prayers or prayer requests during this time.).

God, our Father does not give up on us who are sinful but forgives and waits for us. Remember that God disciplines us out of love so that we may not stray. There is nothing that can separate us from the love of Christ. God loves us and first showed us His love even through death

Romans 5:8	But God demonstrates his own love for us in this: While we were still sinners, Christ died for us.
Romans 8:35-37	Who shall separate us from the love of Christ? Shall trouble or hardship or persecution or famine or nakedness or danger or sword? As it is written: "For your sake we face death all day long; we are considered as sheep to be slaughtered." No, in all these things we are more than conquerors through him who loved us.
Ephesians 3:18-19	may have power, together with all the saints, to grasp how wide and long and high and deep is the love of Christ, and to know this love that surpasses knowledge--that you may be filled to the measure of all the fullness of God.
1John 4:10	This is love: not that we loved God, but that he loved us and sent his Son as an atoning sacrifice for our sins.
John 3:16	"For God so loved the world that he gave his one and only Son, that whoever believes in him shall not perish but have eternal life.
1John 4:16	And so we know and rely on the love God has for us. God is love. Whoever lives in love lives in God, and God in him.

♥ **Confession** (2-3mins) – When we are living in sin, God does not hear our prayers. We want to take this time to pray and confess our sins in silence(2-3mins). Your Word tells us that if we confess our sins, You are faithful and righteous to forgive us our sins and to cleanse us from all unrighteousness. We believe that our sins have been washed clean by the blood of Christ. Sovereign Lord, fill us with your Holy Spirit. Amen!

♥ **Thanksgiving** (5-8mins) – **Thanking God for What He has done**(Please, no prayer requests during this time.).

Child: _____   Child: _____

♥ Intercession(30-40mins) – (Conversational one accord prayer is always short, simple and specific.)

① Our Own Children

♡ **Scripture prayer for ○○.**

May _____, together with all the Lord's holy people, grasp how wide and long and high and deep is the love of Christ, and know this love that surpasses knowledge— that we may be filled to the measure of all the fullness of God (Ephesians 3:18-19).

Expanded scripture prayer

♡ **Let's pray for ○○ specifically.**

Child:	Child:

② Teachers/Staff

Christian teacher: I keep asking that the God of our Lord Jesus Christ, the glorious Father, may give _____ (insert teacher's name) the Spirit of wisdom and revelation, so that they may know him better. I pray also that the eyes of _____'s heart may be enlightened in order that they _____ may know the hope to which he has called _____, the riches of his glorious inheritance in the saints(Ephesians 1:17-18).

Non-christian teacher: Open _____'s (insert teacher's name) eyes and turn _____ from darkness to light, and from the power of Satan to God, so that _____ may receive forgiveness of sins and a place among those who are sanctified by faith in Jesus(Acts 26:18).

Specific Request: _____

③ School Concerns _____

④ Sunday School Teacher _____

⑤ Sunday School Concerns _____

⑥ Pray for MIP Korea(Print the monthly calendar from www.mip.or.kr and pray for each week's requests.)

♥ Finish – We give praise and glory to You, our Father in heaven who listens our prayers. In Jesus' name we pray, Amen!

♥ Remember, what is prayed in the group, stays in the group!!

3주 ♥ 선하신 하나님

한국 기도하는 엄마들　　　　　　　　　　• 날짜: 20____년 ____월 ____일 (____요일) ____시

♥ **찬양**(8-10분) – 이제 선하신 하나님을 선포하고 찬양하겠습니다(하나님의 속성, 이름, 성품으로 하나님을 찬양하십시오. 이 시간은 기도 응답이나 기도 제목을 나누는 시간이 아닙니다. 찬양만 하십시오.).

하나님은 친히 우리의 선하신 목자가 되셔서 우리를 푸른 초장과 쉴 만한 물가로 인도하시며, 풍성한 은혜로 우리의 모든 필요를 채워 주십니다. 선한 목자 되신 우리 주 예수님은 우리가 죄 때문에 죽을 수밖에 없었을 때, 스스로 십자가를 지시고 죽으심으로 우리의 죄를 완전히 용서해 주셨습니다. 우리는 그분의 선하심으로 말미암아 영생의 축복을 누릴 수 있게 된 것입니다.

시 23:6	내 평생에 선하심과 인자하심이 반드시 나를 따르리니 내가 여호와의 집에 영원히 살리로다
시 25:7-8	여호와여 내 젊은 시절의 죄와 허물을 기억하지 마시고 주의 인자하심을 따라 주께서 나를 기억하시되 주의 선하심으로 하옵소서 여호와는 선하시고 정직하시니 그러므로 그의 도로 죄인들을 교훈하시리로다
시 34:8-9	너희는 여호와의 선하심을 맛보아 알지어다 그에게 피하는 자는 복이 있도다 너희 성도들아 여호와를 경외하라 그를 경외하는 자에게는 부족함이 없도다
시 86:5	주는 선하사 사죄하기를 즐거워하시며 주께 부르짖는 자에게 인자함이 후하심이니이다
나 1:7	여호와는 선하시며 환난 날에 산성이시라 그는 자기에게 피하는 자들을 아시느니라
요 10:14-16	나는 선한 목자라 나는 내 양을 알고 양도 나를 아는 것이 아버지께서 나를 아시고 내가 아버지를 아는 것 같으니 나는 양을 위하여 목숨을 버리노라 또 이 우리에 들지 아니한 다른 양들이 내게 있어 내가 인도하여야 할 터이니 그들도 내 음성을 듣고 한 무리가 되어 한 목자에게 있으리라

♥ **고백**(2-3분) – 우리가 죄를 품고 있으면 하나님은 우리 기도를 듣지 않으십니다.
이 시간은 조용히 침묵하는 가운데 우리의 죄를 고백하는 기도를 하겠습니다. (2-3분 후)
만일 우리가 우리 죄를 자백하면 하나님께서는 신실하시고 의로우심으로 우리 죄를 용서하시고 모든 불의에서 우리를 깨끗케 하신다고 하신 말씀대로 우리의 죄가 그리스도의 보혈로 깨끗하게 씻겨졌음을 믿습니다. 이제 우리를 온전히 다스리시고, 성령으로 충만케 하여 주시옵소서. 아멘!

♥ **감사**(5-8분) – 이제 기도 응답에 대하여 하나님께 감사기도를 드리겠습니다(이 시간에 간구는 하지 않습니다.).

자녀 이름:　　　　　　　　　　　　　　자녀 이름:

♥ **중보 (30-40분)** – (대화식 합심기도는 언제나 짧고 Short, 간단하게 Simple, 구체적으로 Specific 합니다.)

① 이제 우리 자녀를 위해 중보기도하겠습니다.

♡ 먼저 ○○를 위해 성구기도하겠습니다.

여호와여 _____의 지난날의 죄와 허물을 기억하지 마시고 주의 인자하심을 따라 그를 기억하시되 주의 선하심으로 하소서! 여호와는 선하시고 정직하시니 그러므로 날마다 주의 도로 _____를 교훈하소서(시 25:7-8).

성구 확장 기도

♡ ○○를 위해 구체적인 기도를 하겠습니다.

자녀 이름:	자녀 이름:

② 학교 선생님을 위해 기도하겠습니다.

신자일 때: 우리 주 예수 그리스도의 하나님이신 영광의 아버지께서 지혜와 계시의 영을 _____ 선생님에게 주셔서 하나님을 더 깊이 알게 하시고, _____ 선생님의 마음의 눈을 밝혀 주셔서 교사로 부르심의 소망이 무엇인지 알게 하여 주소서(엡 1:17-18).

불신자일 때: _____ 선생님의 눈을 뜨게 하셔서 어둠에서 빛으로, 사탄의 권세에서 하나님께로 돌아오게 하시고 죄 사함과 예수를 믿어 거룩하게 된 무리 가운데서 기업을 얻게 하소서(행 26:18).

구체적인 기도 제목: _____

③ 학교를 위해 기도하겠습니다. _____

④ 주일학교 선생님을 위해 기도하겠습니다. _____

⑤ 주일학교 주요 사안(주일학교 부서)을 위해 기도하겠습니다. _____

⑥ 기도하는 엄마들 사역을 위해 기도달력으로 기도하겠습니다(당월 기도달력을 홈페이지에서 다운받아 모일 때마다 한 주 분씩 기도해 주십시오. www.mip.or.kr).

♥ **마무리** – 오늘도 우리의 기도를 들으시는 하나님께 감사와 영광을 올려드리며 예수님의 이름으로 기도드립니다. 아멘!

♥ 모임 내에서 기도한 내용은 모임 안에 남아야 함을 잊지 마십시오!!

Week 3 ♥ God is Good

• Date: _____

♥ **Praise** (8-10mins) – **Let's declare that God is good** (Praising God for who He is, His attributes, His name and His character. Please no answers to prayers or prayer requests during this time.).

God is our good shepherd who leads us to green pasture and beside quiet waters, and with His abundant grace He fills us up. When we were doomed to die from sin, our good Shepherd carried the cross and died for us to completely forgive us. Due to His goodness we are able to enjoy the blessing of eternal life.

Psalms 23:6	Surely goodness and love will follow me all the days of my life, and I will dwell in the house of the LORD forever.
Psalms 25:7-8	Remember not the sins of my youth and my rebellious ways; according to your love remember me, for you are good, O LORD. Good and upright is the LORD; therefore he instructs sinners in his ways.
Psalms 34:8-9	Taste and see that the LORD is good; blessed is the man who takes refuge in him. Fear the LORD, you his saints, for those who fear him lack nothing.
Psalms 86:5	You are forgiving and good, O Lord, abounding in love to all who call to you.
Nahum 1:7	The LORD is good, a refuge in times of trouble. He cares for those who trust in him,
John 10:14-16	"I am the good shepherd; I know my sheep and my sheep know me-- just as the Father knows me and I know the Father--and I lay down my life for the sheep. I have other sheep that are not of this sheep pen. I must bring them also. They too will listen to my voice, and there shall be one flock and one shepherd.

♥ **Confession** (2-3mins) – **When we are living in sin, God does not hear our prayers. We want to take this time to pray and confess our sins in silence(2-3mins). Your Word tells us that if we confess our sins, You are faithful and righteous to forgive us our sins and to cleanse us from all unrighteousness. We believe that our sins have been washed clean by the blood of Christ. Sovereign Lord, fill us with your Holy Spirit. Amen!**

♥ **Thanksgiving** (5-8mins) – **Thanking God for What He has done** (Please, no prayer requests during this time.).

Child:	Child:

♥ Intercession(30-40mins) – (Conversational one accord prayer is always short, simple and specific.)

① Our Own Children

♡ **Scripture prayer for ◯◯.**

Remember not the sins of _____ (insert child's name) and his/her rebellious ways; according to your love remember _____, for you are good, O LORD. Good and upright is the LORD; therefore instruct _____ in His ways (Psalms 25:7-8).

Expanded scripture prayer

♡ **Let's pray for ◯◯ specifically.**

Child:	Child:

② Teachers/Staff

Christian teacher: I keep asking that the God of our Lord Jesus Christ, the glorious Father, may give _____ (insert teacher's name) the Spirit of wisdom and revelation, so that they may know him better. I pray also that the eyes of _____'s heart may be enlightened in order that they _____ may know the hope to which he has called _____, the riches of his glorious inheritance in the saints(Ephesians 1:17-18).

Non-christian teacher: Open _____'s (insert teacher's name) eyes and turn _____ from darkness to light, and from the power of Satan to God, so that _____ may receive forgiveness of sins and a place among those who are sanctified by faith in Jesus(Acts 26:18).

Specific Request: _____

③ School Concerns _____

④ Sunday School Teacher _____

⑤ Sunday School Concerns _____

⑥ Pray for MIP Korea (Print the monthly calendar from www.mip.or.kr and pray for each week's requests.)

♥ Finish – We give praise and glory to You, our Father in heaven who listens our prayers. In Jesus' name we pray, Amen!

♥ Remember, what is prayed in the group, stays in the group!!

4주 ♥ 인내하시는 하나님

한국 기도하는 엄마들　　　　　　　　　　　• 날짜: 20____년 ____월 ____일 (____요일) ____시

♥ 찬양 (8-10분) – 이제 인내하시는 하나님을 선포하고 찬양하겠습니다 (하나님의 속성, 이름, 성품으로 하나님을 찬양하십시오. 이 시간은 기도 응답이나 기도 제목을 나누는 시간이 아닙니다. 찬양만 하십시오.).

하나님은 전능하시기 때문에 오래 기다림의 고통과 괴로움을 단번에 종식시킬 수 있는 능력을 갖추고 계시지만, 우리를 향하여 노하기를 더디 하시고 오래 참으시는 분이십니다. 오래 참는 사랑으로 말미암아 우리를 자기에게 마침내 돌아오게 하십니다. 이것이 바로 받을 자격이 없는 우리에게 주시는 하나님의 은혜입니다. 하나님은 오래 참으시며 우리로 하여금 모든 상황에서 오래 참도록 도우신다는 사실을 기억합시다. 우리 자녀와 이웃에 대하여 주님처럼 오래 참는 한 주간을 보냅시다.

출 34:6　여호와께서 그의 앞으로 지나시며 선포하시되 여호와라 여호와라 자비롭고 은혜롭고 노하기를 더디하고 인자와 진실이 많은 하나님이라

히 12:2　믿음의 주요 또 온전하게 하시는 이인 예수를 바라보자 그는 그 앞에 있는 기쁨을 위하여 십자가를 참으사 부끄러움을 개의치 아니하시더니 하나님 보좌 우편에 앉으셨느니라

롬 15:5　이제 인내와 위로의 하나님이 너희로 그리스도 예수를 본받아 서로 뜻이 같게 하여 주사

딤전 1:16　그러나 내가 긍휼을 입은 까닭은 예수 그리스도께서 내게 먼저 일체 오래 참으심을 보이사 후에 주를 믿어 영생 얻는 자들에게 본이 되게 하려 하심이라

히 12:3　너희가 피곤하여 낙심하지 않기 위하여 죄인들이 이같이 자기에게 거역한 일을 참으신 이를 생각하라

벧후 3:9　주의 약속은 어떤 이들이 더디다고 생각하는 것 같이 더딘 것이 아니라 오직 주께서는 너희를 대하여 오래 참으사 아무도 멸망하지 아니하고 다 회개하기에 이르기를 원하시느니라

♥ 고백 (2-3분) – 우리가 죄를 품고 있으면 하나님은 우리 기도를 듣지 않으십니다.
이 시간은 조용히 침묵하는 가운데 우리의 죄를 고백하는 기도를 하겠습니다. (2-3분 후)
만일 우리가 우리 죄를 자백하면 하나님께서는 신실하시고 의로우심으로 우리 죄를 용서하시고 모든 불의에서 우리를 깨끗하게 하신다고 하신 말씀대로 우리의 죄가 그리스도의 보혈로 깨끗하게 씻겨졌음을 믿습니다. 이제 우리를 온전히 다스리시고, 성령으로 충만케 하여 주시옵소서. 아멘!

♥ 감사 (5-8분) – 이제 기도 응답에 대하여 하나님께 감사기도를 드리겠습니다 (이 시간에 간구는 하지 않습니다.).

자녀 이름:	자녀 이름:

♥ **중보 (30-40분)** – (대화식 합심기도는 언제나 짧고 Short, 간단하게 Simple, 구체적으로 Specific 합니다.)

① 이제 우리 자녀를 위해 중보기도하겠습니다.

♡ 먼저 ○○를 위해 성구기도하겠습니다.

예수님이 그 앞에 있는 기쁨을 위하여 십자가를 참으사 부끄러움을 개의치 아니하시고 마침내 하나님 보좌 우편에 앉으신 믿음의 주요 온전하게 하시는 이인 줄 확실히 믿고 _____가 예수님을 온전히 바라보게 하소서(히 12:2).

성구 확장 기도

♡ ○○를 위해 구체적인 기도를 하겠습니다.

자녀 이름:	자녀 이름:

② 학교 선생님을 위해 기도하겠습니다.

신자일 때: 우리 주 예수 그리스도의 하나님이신 영광의 아버지께서 지혜와 계시의 영을 _____ 선생님에게 주셔서 하나님을 더 깊이 알게 하시고, _____ 선생님의 마음의 눈을 밝혀 주셔서 교사로 부르심의 소망이 무엇인지 알게 하여 주소서(엡 1:17-18).

불신자일 때: _____ 선생님의 눈을 뜨게 하셔서 어둠에서 빛으로, 사탄의 권세에서 하나님께로 돌아오게 하시고 죄 사함과 예수를 믿어 거룩하게 된 무리 가운데서 기업을 얻게 하소서(행 26:18).

구체적인 기도 제목: _____

③ 학교를 위해 기도하겠습니다. _____

④ 주일학교 선생님을 위해 기도하겠습니다. _____

⑤ 주일학교 주요 사안(주일학교 부서)을 위해 기도하겠습니다. _____

⑥ 기도하는 엄마들 사역을 위해 기도달력으로 기도하겠습니다(당월 기도달력을 홈페이지에서 다운받아 모일 때마다 한 주 분씩 기도해 주십시오. www.mip.or.kr).

♥ **마무리** – 오늘도 우리의 기도를 들으시는 하나님께 감사와 영광을 올려드리며 예수님의 이름으로 기도드립니다. 아멘!

♥ 모임 내에서 기도한 내용은 모임 안에 남아야 함을 잊지 마십시오!!

Week 4 ♥ God is Patient

• Date: _____

♥ **Praise** (8-10mins) – **Let's declare that God is patient**(Praising God for who He is, His attributes, His name and His character. Please no answers to prayers or prayer requests during this time.).

Although God has the power to end the pain and suffering of waiting, He endures this pain without complaint, anger or impatience. And through His patient love, He lets us come back to Him. This is the grace of God given to us who are so undeserving. Where is our patience? Remember that God is patient and will help us to be patient in every situation. I hope this will be a week that you will be patient with your children and neighbours.

Exodus 34:6	And he passed in front of Moses, proclaiming, "The LORD, the LORD, the compassionate and gracious God, slow to anger, abounding in love and faithfulness,
Hebrews 12:2	Looking unto Jesus the author and finisher of our faith; who for the joy that was set before him endured the cross, despising the shame, and is set down at the right hand of the throne of God.
Romans 15:5	Now the God of patience and consolation grant you to be likeminded one toward another according to Christ Jesus:
1Timothy 1:16	Howbeit for this cause I obtained mercy, that in me first Jesus Christ might shew forth all longsuffering, for a pattern to them which should hereafter believe on him to life everlasting.
Hebrews 12:3	For consider him that endured such contradiction of sinners against himself, lest ye be wearied and faint in your minds.
2Peter 3:9	The Lord is not slack concerning his promise, as some men count slackness; but is longsuffering to us-ward, not willing that any should perish, but that all should come to repentance.

♥ **Confession** (2-3mins) – **When we are living in sin, God does not hear our prayers. We want to take this time to pray and confess our sins in silence(2-3mins). Your Word tells us that if we confess our sins, You are faithful and righteous to forgive us our sins and to cleanse us from all unrighteousness. We believe that our sins have been washed clean by the blood of Christ. Sovereign Lord, fill us with your Holy Spirit. Amen!**

♥ **Thanksgiving** (5-8mins) – **Thanking God for What He has done**(Please, no prayer requests during this time.).

Child:	Child:

♥ **Intercession**(30-40mins) - (Conversational one accord prayer is always short, simple and specific.)

① **Our Own Children**

♡ **Scripture prayer for ○○.**

May _____ fix our eyes on Jesus, the pioneer and perfecter of faith. For the joy set before him he endured the cross, scorning its shame, and sat down at the right hand of the throne of God (Hebrews 12:2).

Expanded scripture prayer

♡ **Let's pray for ○○ specifically.**

Child:	Child:

② **Teachers/Staff**

Christian teacher: I keep asking that the God of our Lord Jesus Christ, the glorious Father, may give _____ (insert teacher's name) the Spirit of wisdom and revelation, so that they may know him better. I pray also that the eyes of _____'s heart may be enlightened in order that they _____ may know the hope to which he has called _____, the riches of his glorious inheritance in the saints(Ephesians 1:17-18).

Non-christian teacher: Open _____'s (insert teacher's name) eyes and turn _____ from darkness to light, and from the power of Satan to God, so that _____ may receive forgiveness of sins and a place among those who are sanctified by faith in Jesus(Acts 26:18).

Specific Request: _____

③ **School Concerns** _____

④ **Sunday School Teacher** _____

⑤ **Sunday School Concerns** _____

⑥ **Pray for MIP Korea**(Print the monthly calendar from www.mip.or.kr and pray for each week's requests.)

♥ **Finish** - We give praise and glory to You, our Father in heaven who listens our prayers. In Jesus' name we pray, Amen!

♥ Remember, what is prayed in the group, stays in the group!!

기도하는 엄마들 **한영기도일지 ❶**

_____ 년 _____ 월 MIP 기도달력

♥ MEMO ♥

5주 ♥ 신실하신 하나님

한국 기도하는 엄마들　　　　　　　　　　• 날짜: 20___년 ___월 ___일 (___요일) ___시

♥ **찬양** (8-10분) – 이제 신실하신 하나님을 선포하고 찬양하겠습니다(하나님의 속성, 이름, 성품으로 하나님을 찬양하십시오. 이 시간은 기도 응답이나 기도 제목을 나누는 시간이 아닙니다. 찬양만 하십시오.).

하나님은 참되시기에 오직 참된 것만 말씀하십니다. 그분은 결코 거짓말을 하지 않으십니다. 하나님은 신뢰할 만한 분입니다. 우리와 맺으신 언약을 신실하게 이행하시는 분입니다. 문제는 그것을 믿지 못하는 우리의 불신앙에 있습니다. 성경은 우리에게 하나님이 얼마나 신실하신 분인지를 말씀해 줍니다. 그러니 우리의 경험과 감정을 따르지 말고 진리의 말씀을 믿고 의지합시다. 오직 신실하신 구세주를 바라봅시다.

신 7:9	그런즉 너는 알라 오직 네 하나님 여호와는 하나님이시요 신실하신 하나님이시라 그를 사랑하고 그의 계명을 지키는 자에게는 천 대까지 그의 언약을 이행하시며 인애를 베푸시되
애 3:19-24	내 고초와 재난 곧 쑥과 담즙을 기억하소서 내 마음이 그것을 기억하고 내가 낙심이 되오나 이것을 내가 내 마음에 담아 두었더니 그것이 오히려 나의 소망이 되었사옴은 여호와의 인자와 긍휼이 무궁하시므로 우리가 진멸되지 아니함이니이다 이것들이 아침마다 새로우니 주의 성실하심이 크시도소이다 내 심령에 이르기를 여호와는 나의 기업이시니 그러므로 내가 그를 바라리라 하도다
사 25:1	여호와여 주는 나의 하나님이시라 내가 주를 높이고 주의 이름을 찬송하오리니 주는 기사를 옛적에 정하신 뜻대로 성실함과 진실함으로 행하셨음이라
시 100:5	여호와는 선하시니 그의 인자하심이 영원하고 그의 성실하심이 대대에 이르리로다
시 91:4	그가 너를 그의 깃으로 덮으시리니 네가 그의 날개 아래에 피하리로다 그의 진실함은 방패와 손 방패가 되시나니

♥ **고백** (2-3분) – 우리가 죄를 품고 있으면 하나님은 우리 기도를 듣지 않으십니다.
이 시간은 조용히 침묵하는 가운데 우리의 죄를 고백하는 기도를 하겠습니다. (2-3분 후)
만일 우리가 우리 죄를 자백하면 하나님께서는 신실하시고 의로우심으로 우리 죄를 용서하시고 모든 불의에서 우리를 깨끗케 하신다고 하신 말씀대로 우리의 죄가 그리스도의 보혈로 깨끗하게 씻겨졌음을 믿습니다. 이제 우리를 온전히 다스리시고, 성령으로 충만케 하여 주시옵소서. 아멘!

♥ **감사** (5-8분) – 이제 기도 응답에 대하여 하나님께 감사기도를 드리겠습니다(이 시간에 간구는 하지 않습니다.).

자녀 이름:	자녀 이름:

♥ **중보 (30-40분)** – (대화식 합심기도는 언제나 짧고 Short, 간단하게 Simple, 구체적으로 Specific 합니다.)

① **이제 우리 자녀를 위해 중보기도하겠습니다.**

♡ 먼저 ○○를 위해 성구기도하겠습니다.

하나님, _____를 당신의 깃으로 덮으소서! _____가 당신의 날개 아래에 피하게 하소서! 여호와의 진실함은 _____의 방패와 손 방패가 되십니다(시 91:4).

성구 확장 기도

♡ ○○를 위해 구체적인 기도를 하겠습니다.

자녀 이름:	자녀 이름:

② **학교 선생님을 위해 기도하겠습니다.**

신자일 때: 우리 주 예수 그리스도의 하나님이신 영광의 아버지께서 지혜와 계시의 영을 _____ 선생님에게 주셔서 하나님을 더 깊이 알게 하시고, _____ 선생님의 마음의 눈을 밝혀 주셔서 교사로 부르심의 소망이 무엇인지 알게 하여 주소서(엡 1:17-18).

불신자일 때: _____ 선생님의 눈을 뜨게 하셔서 어둠에서 빛으로, 사탄의 권세에서 하나님께로 돌아오게 하시고 죄 사함과 예수를 믿어 거룩하게 된 무리 가운데서 기업을 얻게 하소서(행 26:18).

구체적인 기도 제목: _____

③ **학교를 위해 기도하겠습니다.** _____

④ **주일학교 선생님을 위해 기도하겠습니다.** _____

⑤ **주일학교 주요 사안(주일학교 부서)을 위해 기도하겠습니다.** _____

⑥ **기도하는 엄마들 사역을 위해 기도달력으로 기도하겠습니다**(당월 기도달력을 홈페이지에서 다운받아 모일 때마다 한 주 분씩 기도해 주십시오. www.mip.or.kr).

♥ **마무리** – 오늘도 우리의 기도를 들으시는 하나님께 감사와 영광을 올려드리며 예수님의 이름으로 기도드립니다. 아멘!

♥ 모임 내에서 기도한 내용은 모임 안에 남아야 함을 잊지 마십시오!!

Week 5 ♥ God is Faithful

• Date: _____

♥ **Praise** (8-10mins) – **Let's declare that God is faithful**(Praising God for who He is, His attributes, His name and His character. Please no answers to prayers or prayer requests during this time.).

God is true and speaks only the truth. He never lies. He is trustworthy. It is God's nature to faithfully carry out the covenant He had made with us. The problem is in our lack of faith. Is it hard to believe God is faithful? The Bible tells us how faithful God is. Don't rely on your experience or feelings, rather on the Word of truth. Only look towards our faithful Lord and Saviour.

Deuteronomy 7:9   Know therefore that the LORD your God is God; he is the faithful God, keeping his covenant of love to a thousand generations of those who love him and keep his commands.

Lamentations 3:19-24   I remember my affliction and my wandering, the bitterness and the gall. I well remember them, and my soul is downcast within me. Yet this I call to mind and therefore I have hope: Because of the LORD's great love we are not consumed, for his compassions never fail. They are new every morning; great is your faithfulness. I say to myself, "The LORD is my portion; therefore I will wait for him."

Isaiah 25:1   O LORD, you are my God; I will exalt you and praise your name, for in perfect faithfulness you have done marvelous things, things planned long ago.

Psalms 100:5   For the LORD is good and his love endures forever; his faithfulness continues through all generations.

Psalms 91:4   He will cover you with his feathers, and under his wings you will find refuge; his faithfulness will be your shield and rampart.

♥ **Confession** (2-3mins) – **When we are living in sin, God does not hear our prayers. We want to take this time to pray and confess our sins in silence(2-3mins). Your Word tells us that if we confess our sins, You are faithful and righteous to forgive us our sins and to cleanse us from all unrighteousness. We believe that our sins have been washed clean by the blood of Christ. Sovereign Lord, fill us with your Holy Spirit. Amen!**

♥ **Thanksgiving** (5-8mins) – **Thanking God for What He has done**(Please, no prayer requests during this time.).

Child: Child:

_____   _____
_____   _____
_____   _____
_____   _____

♥ Intercession(30-40mins) – (Conversational one accord prayer is always short, simple and specific.)

① Our Own Children

♡ **Scripture prayer for ○○.**

You will cover _____ with your feathers, and under your wings _____ will find refuge; your faithfulness will be his/her shield and rampart (Psalms 91:4).

Expanded scripture prayer

♡ **Let's pray for ○○ specifically.**

Child:	Child:

② Teachers/Staff

Christian teacher: I keep asking that the God of our Lord Jesus Christ, the glorious Father, may give _____ (insert teacher's name) the Spirit of wisdom and revelation, so that they may know him better. I pray also that the eyes of _____'s heart may be enlightened in order that they _____ may know the hope to which he has called _____, the riches of his glorious inheritance in the saints(Ephesians 1:17-18).

Non-christian teacher: Open _____'s (insert teacher's name) eyes and turn _____ from darkness to light, and from the power of Satan to God, so that _____ may receive forgiveness of sins and a place among those who are sanctified by faith in Jesus(Acts 26:18).

Specific Request: _____

③ School Concerns _____

④ Sunday School Teacher _____

⑤ Sunday School Concerns _____

⑥ Pray for MIP Korea (Print the monthly calendar from www.mip.or.kr and pray for each week's requests.)

♥ Finish – We give praise and glory to You, our Father in heaven who listens our prayers. In Jesus' name we pray, Amen!

♥ Remember, what is prayed in the group, stays in the group!!

6주 ♥ 평강의 하나님

한국 기도하는 엄마들　　　　　　　　　　• 날짜: 20____년 ____월 ____일 (____요일) ____시

♥ **찬양**(8-10분) – 이제 평강의 하나님을 선포하고 찬양하겠습니다(하나님의 속성, 이름, 성품으로 하나님을 찬양하십시오. 이 시간은 기도 응답이나 기도 제목을 나누는 시간이 아닙니다. 찬양만 하십시오.).

우리 영혼이 진정으로 원하는 것은 평강입니다. 사람들은 '마음의 평강'을 좋은 음악이나 아름다운 자연 또는 물질이나 권력을 통해 찾으려 하고, 그리하여 일부 찾아지기도 합니다만, 우리에게 완전한 평강을 주실 수 있는 분은 오직 평강 자체이신 하나님 한 분뿐입니다. 하지만 죄로 말미암아 하나님과 단절된 상태에서 참된 평강은 결코 존재하지 않습니다. 오직 평강의 왕이신 예수님의 이름을 힘입어 하나님께 나아갈 때 우리는 비로소 영혼의 참된 위로와 안식, 참 평강을 얻을 수 있습니다.

사 9:6　　이는 한 아기가 우리에게 났고 한 아들을 우리에게 주신 바 되었는데 그의 어깨에는 정사를 메었고 그의 이름은 기묘자라, 모사라, 전능하신 하나님이라, 영존하시는 아버지라, 평강의 왕이라 할 것임이라

요 14:27　평안을 너희에게 끼치노니 곧 나의 평안을 너희에게 주노라 내가 너희에게 주는 것은 세상이 주는 것과 같지 아니하니라 너희는 마음에 근심하지도 말고 두려워하지도 말라

사 26:3　　주께서 심지가 견고한 자를 평강하고 평강하도록 지키시리니 이는 그가 주를 신뢰함이니이다

빌 4:6-7　아무 것도 염려하지 말고 다만 모든 일에 기도와 간구로, 너희 구할 것을 감사함으로 하나님께 아뢰라 그리하면 모든 지각에 뛰어난 하나님의 평강이 그리스도 예수 안에서 너희 마음과 생각을 지키시리라

렘 29:11　여호와의 말씀이니라 너희를 향한 나의 생각을 내가 아나니 평안이요 재앙이 아니니라 너희에게 미래와 희망을 주는 것이니라

♥ **고백**(2-3분) – 우리가 죄를 품고 있으면 하나님은 우리 기도를 듣지 않으십니다.
　　　　　　　　　이 시간은 조용히 침묵하는 가운데 우리의 죄를 고백하는 기도를 하겠습니다. (2-3분 후)
　　　　　　　　　만일 우리가 우리 죄를 자백하면 하나님께서는 신실하시고 의로우심으로 우리 죄를 용서하시고 모든 불의에서 우리를 깨끗케 하신다고 하신 말씀대로 우리의 죄가 그리스도의 보혈로 깨끗하게 씻겨졌음을 믿습니다. 이제 우리를 온전히 다스리시고, 성령으로 충만케 하여 주시옵소서. 아멘!

♥ **감사**(5-8분) – 이제 기도 응답에 대하여 하나님께 감사기도를 드리겠습니다(이 시간에 간구는 하지 않습니다.).

자녀 이름:	자녀 이름:

♥ **중보 (30-40분)** – (대화식 합심기도는 언제나 짧고 Short, 간단하게 Simple, 구체적으로 Specific 합니다.)

① **이제 우리 자녀를 위해 중보기도하겠습니다.**

♡ 먼저 ○○를 위해 성구기도하겠습니다.

_____가 아무 것도 염려하지 말고 다만 모든 일에 기도와 간구로 자기의 구할 것을 감사함으로 하나님께 아뢰게 하소서(빌 4:6).

성구 확장 기도

♡ ○○를 위해 구체적인 기도를 하겠습니다.

자녀 이름:	자녀 이름:

② **학교 선생님을 위해 기도하겠습니다.**

신자일 때: 우리 주 예수 그리스도의 하나님이신 영광의 아버지께서 지혜와 계시의 영을 _____ 선생님에게 주셔서 하나님을 더 깊이 알게 하시고, _____ 선생님의 마음의 눈을 밝혀 주셔서 교사로 부르심의 소망이 무엇인지 알게 하여 주소서(엡 1:17-18).

불신자일 때: _____ 선생님의 눈을 뜨게 하셔서 어둠에서 빛으로, 사탄의 권세에서 하나님께로 돌아오게 하시고 죄 사함과 예수를 믿어 거룩하게 된 무리 가운데서 기업을 얻게 하소서(행 26:18).

구체적인 기도 제목: _____

③ **학교를 위해 기도하겠습니다.** _____

④ **주일학교 선생님을 위해 기도하겠습니다.** _____

⑤ **주일학교 주요 사안(주일학교 부서)을 위해 기도하겠습니다.** _____

⑥ **기도하는 엄마들 사역을 위해 기도달력으로 기도하겠습니다**(당월 기도달력을 홈페이지에서 다운받아 모일 때마다 한 주 분씩 기도해 주십시오. **www.mip.or.kr**).

♥ **마무리** – 오늘도 우리의 기도를 들으시는 하나님께 감사와 영광을 올려드리며 예수님의 이름으로 기도드립니다. 아멘!

♥ 모임 내에서 기도한 내용은 모임 안에 남아야 함을 잊지 마십시오!!

Week 6 ♥ God is Peace

• Date: _____

♥ **Praise** (8-10mins) — **Let's declare that God is peace** (Praising God for who He is, His attributes, His name and His character. Please no answers to prayers or prayer requests during this time.).

One thing our soul truly desires is peace. People seek 'peace of mind' from good music, beautiful natural scenery, or through material goods or power. But to us the only one that can give us perfect peace is God. However, we are cut off from God due to our sins and there is no peace. Only when we come before God in the name of Jesus can we finally receive comfort and rest of the soul and true peace. God is our peace.

Isaiah 9:6	For to us a child is born, to us a son is given, and the government will be on his shoulders. And he will be called Wonderful Counselor, Mighty God, Everlasting Father, Prince of Peace.
John 14:27	Peace I leave with you; my peace I give you. I do not give to you as the world gives. Do not let your hearts be troubled and do not be afraid.
Isaiah 26:3	You will keep in perfect peace him whose mind is steadfast, because he trusts in you.
Philippians 4:6-7	Do not be anxious about anything, but in everything, by prayer and petition, with thanksgiving, present your requests to God. And the peace of God, which transcends all understanding, will guard your hearts and your minds in Christ Jesus.
Jeremiah 29:11	For I know the plans I have for you," declares the LORD, "plans to prosper you and not to harm you, plans to give you hope and a future.

♥ **Confession** (2-3mins) — **When we are living in sin, God does not hear our prayers. We want to take this time to pray and confess our sins in silence (2-3mins). Your Word tells us that if we confess our sins, You are faithful and righteous to forgive us our sins and to cleanse us from all unrighteousness. We believe that our sins have been washed clean by the blood of Christ. Sovereign Lord, fill us with your Holy Spirit. Amen!**

♥ **Thanksgiving** (5-8mins) — **Thanking God for What He has done** (Please, no prayer requests during this time.).

Child: _____   Child: _____

_____   _____
_____   _____
_____   _____

♥ Intercession(30-40mins) − (Conversational one accord prayer is always short, simple and specific.)

① Our Own Children

♡ **Scripture prayer for ○○.**

Help _____ not to be anxious about anything, but in everything, by prayer and petition, with thanksgiving to present his/her requests to God (Philippians 4:6).

Expanded scripture prayer

♡ **Let's pray for ○○ specifically.**

Child:	Child:

② Teachers/Staff

Christian teacher: I keep asking that the God of our Lord Jesus Christ, the glorious Father, may give _____ (insert teacher's name) the Spirit of wisdom and revelation, so that they may know him better. I pray also that the eyes of _____'s heart may be enlightened in order that they _____ may know the hope to which he has called _____, the riches of his glorious inheritance in the saints(Ephesians 1:17-18).

Non-christian teacher: Open _____'s (insert teacher's name) eyes and turn _____ from darkness to light, and from the power of Satan to God, so that _____ may receive forgiveness of sins and a place among those who are sanctified by faith in Jesus(Acts 26:18).

Specific Request: _____

③ School Concerns _____

④ Sunday School Teacher _____

⑤ Sunday School Concerns _____

⑥ Pray for MIP Korea (Print the monthly calendar from www.mip.or.kr and pray for each week's requests.)

♥ Finish − We give praise and glory to You, our Father in heaven who listens our prayers. In Jesus' name we pray, Amen!

♥ Remember, what is prayed in the group, stays in the group!!

7주 ♥ 엘 샤다이 – 전능하신 하나님

한국 기도하는 엄마들 ・날짜: 20____년 ____월 ____일 (____요일) ____시

♥ **찬양**(8-10분) – 이제 **엘 샤다이 – 전능하신 하나님**을 선포하고 찬양하겠습니다(하나님의 속성, 이름, 성품으로 하나님을 찬양하십시오. 이 시간은 기도 응답이나 기도 제목을 나누는 시간이 아닙니다. 찬양만 하십시오).

하나님은 우리에게 '내게로 와서 마시라', '입을 크게 열라 내가 채우리라'고 말씀하셨습니다. 우리 영혼의 목마름을 아시고 채워 주기 원하시는 하나님은 약한 자를 택하사 당신의 강한 능력으로 강하게 하시는 분입니다. 모든 것을 풍성하게 소유하고 계시며 우리를 온전히 사랑하시는 '엘 샤다이' 전능하신 하나님께 달려가 그 넓고 따스한 품에 안깁시다. 전능하신 하나님의 능력을 믿음으로 받아서 풍성하게 누립시다.

대상 29:12-13 부와 귀가 주께로 말미암고 또 주는 만물의 주재가 되사 손에 권세와 능력이 있사오니 모든 사람을 크게 하심과 강하게 하심이 주의 손에 있나이다 우리 하나님이여 이제 우리가 주께 감사하오며 주의 영화로운 이름을 찬양하나이다

고후 12:9 나에게 이르시기를 내 은혜가 네게 족하도다 이는 내 능력이 약한 데서 온전하여짐이라 하신지라 그러므로 도리어 크게 기뻐함으로 나의 여러 약한 것들에 대하여 자랑하리니 이는 그리스도의 능력이 내게 머물게 하려 함이라

히 1:3 이(아들, the Son)는 하나님의 영광의 광채시요 그 본체의 형상이시라 그의 능력의 말씀으로 만물을 붙드시며 죄를 정결하게 하는 일을 하시고 높은 곳에 계신 지극히 크신 이의 우편에 앉으셨느니라

계 11:17 이르되 감사하옵나니 옛적에도 계셨고 지금도 계신 주 하나님 곧 전능하신 이여 친히 큰 권능을 잡으시고 왕 노릇 하시도다

마 19:26 예수께서 그들을 보시며 이르시되 사람으로는 할 수 없으나 하나님으로서는 다 하실 수 있느니라

♥ **고백**(2-3분) – 우리가 죄를 품고 있으면 하나님은 우리 기도를 듣지 않으십니다.
이 시간은 조용히 침묵하는 가운데 우리의 죄를 고백하는 기도를 하겠습니다. (2-3분 후)
만일 우리가 우리 죄를 자백하면 하나님께서는 신실하시고 의로우심으로 우리 죄를 용서하시고 모든 불의에서 우리를 깨끗케 하신다고 하신 말씀대로 우리의 죄가 그리스도의 보혈로 깨끗하게 씻겨졌음을 믿습니다. 이제 우리를 온전히 다스리시고, 성령으로 충만케 하여 주시옵소서. 아멘!

♥ **감사**(5-8분) – 이제 기도 응답에 대하여 하나님께 감사기도를 드리겠습니다(이 시간에 간구는 하지 않습니다.).

자녀 이름:	자녀 이름:

♥ **중보(30-40분)** – (대화식 합심기도는 언제나 짧고 Short, 간단하게 Simple, 구체적으로 Specific 합니다.)

① 이제 우리 자녀를 위해 중보기도하겠습니다.

♡ 먼저 ○○를 위해 성구기도하겠습니다.

부와 귀가 주께로 말미암고 또 주는 만물의 주재가 되사 손에 권세와 능력이 있사오니 _____를 크게 하심과 강하게 하심이 주의 손에 있나이다 우리 하나님이여 이제 _____가 주께 감사하고 주의 영화로운 이름을 찬양하게 하소서(대상 29:12-13).

성구 확장 기도

♡ ○○를 위해 구체적인 기도를 하겠습니다.

자녀 이름:	자녀 이름:

② 학교 선생님을 위해 기도하겠습니다.

신자일 때: 우리 주 예수 그리스도의 하나님이신 영광의 아버지께서 지혜와 계시의 영을 _____ 선생님에게 주셔서 하나님을 더 깊이 알게 하시고, _____ 선생님의 마음의 눈을 밝혀 주셔서 교사로 부르심의 소망이 무엇인지 알게 하여 주소서(엡 1:17-18).

불신자일 때: _____ 선생님의 눈을 뜨게 하셔서 어둠에서 빛으로, 사탄의 권세에서 하나님께로 돌아오게 하시고 죄 사함과 예수를 믿어 거룩하게 된 무리 가운데서 기업을 얻게 하소서(행 26:18).

구체적인 기도 제목: _____

③ 학교를 위해 기도하겠습니다. _____

④ 주일학교 선생님을 위해 기도하겠습니다. _____

⑤ 주일학교 주요 사안(주일학교 부서)을 위해 기도하겠습니다. _____

⑥ 기도하는 엄마들 사역을 위해 기도달력으로 기도하겠습니다(당월 기도달력을 홈페이지에서 다운받아 모일 때마다 한 주 분씩 기도해 주십시오. www.mip.or.kr).

♥ **마무리** – 오늘도 우리의 기도를 들으시는 하나님께 감사와 영광을 올려드리며 예수님의 이름으로 기도드립니다. 아멘!

♥ 모임 내에서 기도한 내용은 모임 안에 남아야 함을 잊지 마십시오!!

Week 7 ♥ The All-Sufficient God

• Date: _____

♥ **Praise** (8-10mins) – **Let's declare that God is the all-sufficient God**(Praising God for who He is, His attributes, His name and His character. Please no answers to prayers or prayer requests during this time.).

God says to us "Come to Me and drink." God who knows the thirst of our soul and wants to fill us up, chooses the weak and fills them up with His power. He has everything in abundance, and when we run up to the One who loves our soul and are embraced in His warmth, we will no longer wander. He is El Shaddai, the All-Sufficient God.

1Chronicles 29:12-13	Wealth and honor come from you; you are the ruler of all things. In your hands are strength and power to exalt and give strength to all. Now, our God, we give you thanks, and praise your glorious name.
2Corinthians 12:9	But he said to me, "My grace is sufficient for you, for my power is made perfect in weakness." Therefore I will boast all the more gladly about my weaknesses, so that Christ's power may rest on me.
Hebrews 1:3	The Son is the radiance of God's glory and the exact representation of his being, sustaining all things by his powerful word. After he had provided purification for sins, he sat down at the right hand of the Majesty in heaven.
Revelation 11:17	saying: "We give thanks to you, Lord God Almighty, the One who is and who was, because you have taken your great power and have begun to reign.
Matthew 19:26	Jesus looked at them and said, "With man this is impossible, but with God all things are possible."

♥ **Confession** (2-3mins) – When we are living in sin, God does not hear our prayers. We want to take this time to pray and confess our sins in silence(2-3mins). Your Word tells us that if we confess our sins, You are faithful and righteous to forgive us our sins and to cleanse us from all unrighteousness. We believe that our sins have been washed clean by the blood of Christ. Sovereign Lord, fill us with your Holy Spirit. Amen!

♥ **Thanksgiving** (5-8mins) – **Thanking God for What He has done**(Please, no prayer requests during this time.).

Child: _____   Child: _____

_____

_____

_____

♥ Intercession(30-40mins) – (Conversational one accord prayer is always short, simple and specific.)

① Our Own Children

♡ **Scripture prayer for ○○.**

Wealth and honor come from you; you are the ruler of all things. In your hands are strength and power to exalt and give strength to _____. Now, our God, we give you thanks, and praise your glorious name (1Chronicles 29:12-13).

Expanded scripture prayer

♡ **Let's pray for ○○ specifically.**

Child:	Child:

② Teachers/Staff

Christian teacher: I keep asking that the God of our Lord Jesus Christ, the glorious Father, may give _____ (insert teacher's name) the Spirit of wisdom and revelation, so that they may know him better. I pray also that the eyes of _____'s heart may be enlightened in order that they _____ may know the hope to which he has called _____, the riches of his glorious inheritance in the saints(Ephesians 1:17-18).

Non-christian teacher: Open _____'s (insert teacher's name) eyes and turn _____ from darkness to light, and from the power of Satan to God, so that _____ may receive forgiveness of sins and a place among those who are sanctified by faith in Jesus(Acts 26:18).

Specific Request: _____

③ School Concerns _____

④ Sunday School Teacher _____

⑤ Sunday School Concerns _____

⑥ Pray for MIP Korea(Print the monthly calendar from **www.mip.or.kr** and pray for each week's requests.)

♥ Finish – We give praise and glory to You, our Father in heaven who listens our prayers. In Jesus' name we pray, Amen!

♥ Remember, what is prayed in the group, stays in the group!!

8주 ♥ 여호와 닛시 – 주는 우리의 깃발

한국 기도하는 엄마들　　　　　　　　　　•날짜: 20____년____월____일(____요일)____시

♥ **찬양(8-10분)** – 이제 **여호와 닛시를 선포하고 찬양하겠습니다**(하나님의 속성, 이름, 성품으로 하나님을 찬양하십시오. 이 시간은 기도 응답이나 기도 제목을 나누는 시간이 아닙니다. 찬양만 하십시오.).

우리는 사탄이 지배하는 이 세상과 싸우는 전쟁터에 결코 혼자 있는 것이 아닙니다. 주님이 거기 우리와 함께 계십니다. 전쟁은 주님께 속한 것입니다. 성령을 거스르는 육체를 대적하는 것이 바로 영적 전쟁입니다. 주님의 깃발 아래서 우리의 승리는 보장되어 있습니다.

출 17:15-16　모세가 제단을 쌓고 그 이름을 여호와 닛시라 하고 이르되 여호와께서 맹세하시기를 여호와가 아말렉과 더불어 대대로 싸우리라 하셨다 하였더라

신 20:3-4　말하여 이르기를 이스라엘아 들으라 너희가 오늘 너희의 대적과 싸우려고 나아왔으니 마음에 겁내지 말며 두려워하지 말며 떨지 말며 그들로 말미암아 놀라지 말라 너희 하나님 여호와는 너희와 함께 행하시며 너희를 위하여 너희 적군과 싸우시고 구원하실 것이라 할 것이며

시 20:5-6　우리가 너의 승리로 말미암아 개가를 부르며 우리 하나님의 이름으로 우리의 깃발을 세우리니 여호와께서 네 모든 기도를 이루어 주시기를 원하노라 여호와께서 자기에게 기름 부음 받은 자를 구원하시는 줄 이제 내가 아노니 그의 오른손의 구원하는 힘으로 그의 거룩한 하늘에서 그에게 응답하시리로다

고전 15:57-58　우리 주 예수 그리스도로 말미암아 우리에게 승리를 주시는 하나님께 감사하노니 그러므로 내 사랑하는 형제들아 견실하며 흔들리지 말고 항상 주의 일에 더욱 힘쓰는 자들이 되라 이는 너희 수고가 주 안에서 헛되지 않은 줄 앎이라

고후 2:14　항상 우리를 그리스도 안에서 이기게 하시고 우리로 말미암아 각처에서 그리스도를 아는 냄새를 나타내시는 하나님께 감사하노라

♥ **고백(2-3분)** – 우리가 죄를 품고 있으면 하나님은 우리 기도를 듣지 않으십니다.
이 시간은 조용히 침묵하는 가운데 우리의 죄를 고백하는 기도를 하겠습니다. (2-3분 후)
만일 우리가 우리 죄를 자백하면 하나님께서는 신실하시고 의로우심으로 우리 죄를 용서하시고 모든 불의에서 우리를 깨끗케 하신다고 하신 말씀대로 우리의 죄가 그리스도의 보혈로 깨끗하게 씻겨졌음을 믿습니다. 이제 우리를 온전히 다스리시고, 성령으로 충만케 하여 주시옵소서. 아멘!

♥ **감사(5-8분)** – 이제 기도 응답에 대하여 하나님께 감사기도를 드리겠습니다(이 시간에 간구는 하지 않습니다.).

자녀 이름:　　　　　　　　　　　　　　자녀 이름:

♥ **중보 (30-40분)** – (대화식 합심기도는 언제나 짧고 Short, 간단하게 Simple, 구체적으로 Specific 합니다.)

① 이제 우리 자녀를 위해 중보기도하겠습니다.

♡ 먼저 ○○를 위해 성구기도하겠습니다.

함께 기도하는 엄마들이 _____의 승리로 인하여 개가를 부르며 우리 하나님의 이름으로 엄마들의 깃발을 세우리니 여호와께서 _____의 모든 기도를 이루어 주시기를 원합니다(시 20:5).

성구 확장 기도

♡ ○○를 위해 구체적인 기도를 하겠습니다.

자녀 이름:	자녀 이름:

② 학교 선생님을 위해 기도하겠습니다.

신자일 때: 우리 주 예수 그리스도의 하나님이신 영광의 아버지께서 지혜와 계시의 영을 _____ 선생님에게 주셔서 하나님을 더 깊이 알게 하시고, _____ 선생님의 마음의 눈을 밝혀 주셔서 교사로 부르심의 소망이 무엇인지 알게 하여 주소서(엡 1:17-18).

불신자일 때: _____ 선생님의 눈을 뜨게 하셔서 어둠에서 빛으로, 사탄의 권세에서 하나님께로 돌아오게 하시고 죄 사함과 예수를 믿어 거룩하게 된 무리 가운데서 기업을 얻게 하소서(행 26:18).

구체적인 기도 제목: _____

③ 학교를 위해 기도하겠습니다. _____

④ 주일학교 선생님을 위해 기도하겠습니다. _____

⑤ 주일학교 주요 사안(주일학교 부서)을 위해 기도하겠습니다. _____

⑥ 기도하는 엄마들 사역을 위해 기도달력으로 기도하겠습니다(당월 기도달력을 홈페이지에서 다운받아 모일 때마다 한 주 분씩 기도해 주십시오. **www.mip.or.kr**).

♥ **마무리** – 오늘도 우리의 기도를 들으시는 하나님께 감사와 영광을 올려드리며 예수님의 이름으로 기도드립니다. 아멘!

♥ 모임 내에서 기도한 내용은 모임 안에 남아야 함을 잊지 마십시오!!

Week 8 ♥ The LORD is My Banner

• Date: _____

♥ **Praise** (8-10mins) – **Let's declare that God is my banner**(Praising God for who He is, His attributes, His name and His character. Please no answers to prayers or prayer requests during this time.).

You are not alone in the war against Satan. War belongs to God. Fighting against the "flesh" that is against the Spirit is also a war. However, under the banner of the Lord, victory is guaranteed.

Exodus 17:15-16	Moses built an altar and called it The LORD is my Banner. He said, "For hands were lifted up to the throne of the LORD. The LORD will be at war against the Amalekites from generation to generation."
Deuteronomy 20:3-4	He shall say: "Hear, O Israel, today you are going into battle against your enemies. Do not be fainthearted or afraid; do not be terrified or give way to panic before them. For the LORD your God is the one who goes with you to fight for you against your enemies to give you victory."
Psalms 20:5-6	We will shout for joy when you are victorious and will lift up our banners in the name of our God. May the LORD grant all your requests. Now I know that the LORD saves his anointed; he answers him from his holy heaven with the saving power of his right hand.
1Corinthians 15:57-58	But thanks be to God! He gives us the victory through our Lord Jesus Christ. Therefore, my dear brothers, stand firm. Let nothing move you. Always give yourselves fully to the work of the Lord, because you know that your labor in the Lord is not in vain.
2Corinthians 2:14	But thanks be to God, who always leads us in triumphal procession in Christ and through us spreads everywhere the fragrance of the knowledge of him.

♥ **Confession** – When we are living in sin, God does not hear our prayers.
(2-3mins)   We want to take this time to pray and confess our sins in silence(2-3mins). Your Word tells us that if we confess our sins, You are faithful and righteous to forgive us our sins and to cleanse us from all unrighteousness. We believe that our sins have been washed clean by the blood of Christ. Sovereign Lord, fill us with your Holy Spirit. Amen!

♥ **Thanksgiving** (5-8mins) – **Thanking God for What He has done**(Please, no prayer requests during this time.).

Child: _____   Child: _____

_____

_____

_____

_____

♥ **Intercession**(30-40mins) − (Conversational one accord prayer is always short, simple and specific.)

① **Our Own Children**

♡ **Scripture prayer for ○○.**

We will shout for joy when _____ is victorious and will lift up our banners in the name of our God. May the LORD grant all of _____'s requests (Psalms 20:5).

Expanded scripture prayer

♡ **Let's pray for ○○ specifically.**

Child:	Child:

② **Teachers/Staff**

Christian teacher: I keep asking that the God of our Lord Jesus Christ, the glorious Father, may give _____ (insert teacher's name) the Spirit of wisdom and revelation, so that they may know him better. I pray also that the eyes of _____'s heart may be enlightened in order that they _____ may know the hope to which he has called _____, the riches of his glorious inheritance in the saints(Ephesians 1:17-18).

Non-christian teacher: Open _____'s (insert teacher's name) eyes and turn _____ from darkness to light, and from the power of Satan to God, so that _____ may receive forgiveness of sins and a place among those who are sanctified by faith in Jesus(Acts 26:18).

Specific Request: _____

③ **School Concerns** _____

④ **Sunday School Teacher** _____

⑤ **Sunday School Concerns** _____

⑥ **Pray for MIP Korea**(Print the monthly calendar from **www.mip.or.kr** and pray for each week's requests.)

♥ **Finish** − **We give praise and glory to You, our Father in heaven who listens our prayers. In Jesus' name we pray, Amen!**

♥ Remember, what is prayed in the group, stays in the group!!

기도하는 엄마들 **한영기도일지 ❶**

_____ 년 _____ 월 MIP 기도달력

♥ MEMO ♥

9주 ♥ 여호와 사바오트 – 만군의 여호와

한국 기도하는 엄마들　　　　　　　　　　　• 날짜: 20____년 ____월 ____일 (____요일) ____시

♥ **찬양**(8-10분) – 이제 **여호와 사바오트 – 만군의 여호와를 선포하고 찬양하겠습니다**(하나님의 속성, 이름, 성품으로 하나님을 찬양하십시오. 이 시간은 기도 응답이나 기도 제목을 나누는 시간이 아닙니다. 찬양만 하십시오.).

공중 권세 잡은 마귀가 이 세상에서 극성을 부릴지라도 하나님의 천군천사가 그와 대적하여 싸우고 물리치므로 우리가 보호받고 있는 것입니다. 하나님께서는 전쟁 중에 있는 우리를 돕겠다고 선포하셨습니다. 하나님의 의를 위해 달려가는 자를 친히 돌보시며, 하나님의 영광과 복음을 위해 사탄과 싸우는 자를 위해 역사하십니다. 혹시 이 치열한 영적 전쟁터에서 두려워 떨고 있습니까? 여호와 사바오트를 부르며 담대히 나아갑시다.

- 삼상 17:45　　다윗이 블레셋 사람에게 이르되 너는 칼과 창과 단창으로 내게 나아 오거니와 나는 만군의 여호와의 이름 곧 네가 모욕하는 이스라엘 군대의 하나님의 이름으로 네게 나아가노라

- 시 103:21-22　그에게 수종들며 그의 뜻을 행하는 모든 천군이여 여호와를 송축하라 여호와의 지으심을 받고 그가 다스리시는 모든 곳에 있는 너희여 여호와를 송축하라 내 영혼아 여호와를 송축하라

- 사 14:24　　만군의 여호와께서 맹세하여 이르시되 내가 생각한 것이 반드시 되며 내가 경영한 것을 반드시 이루리라

- 슥 4:6　　　그가 내게 대답하여 이르되 여호와께서 스룹바벨에게 하신 말씀이 이러하니라 만군의 여호와께서 말씀하시되 이는 힘으로 되지 아니하며 능력으로 되지 아니하고 오직 나의 영으로 되느니라

- 말 4:3　　　또 너희가 악인을 밟을 것이니 그들이 내가 정한 날에 너희 발바닥 밑에 재와 같으리라 만군의 여호와의 말이니라

♥ **고백**(2-3분) – 우리가 죄를 품고 있으면 하나님은 우리 기도를 듣지 않으십니다.
이 시간은 조용히 침묵하는 가운데 우리의 죄를 고백하는 기도를 하겠습니다. (2-3분 후)
만일 우리가 우리 죄를 자백하면 하나님께서는 신실하시고 의로우심으로 우리 죄를 용서하시고 모든 불의에서 우리를 깨끗케 하신다고 하신 말씀대로 우리의 죄가 그리스도의 보혈로 깨끗하게 씻겨졌음을 믿습니다. 이제 우리를 온전히 다스리시고, 성령으로 충만케 하여 주시옵소서. 아멘!

♥ **감사**(5-8분) – 이제 기도 응답에 대하여 하나님께 감사기도를 드리겠습니다(이 시간에 간구는 하지 않습니다.).

자녀 이름:　　　　　　　　　　　　　　　　자녀 이름:

_____

_____

_____

♥ **중보(30-40분)** – (대화식 합심기도는 언제나 짧고 Short, 간단하게 Simple, 구체적으로 Specific 합니다.)

① 이제 우리 자녀를 위해 중보기도하겠습니다.

♡ 먼저 ○○를 위해 성구기도하겠습니다.

_____가 하나님께서 그를 위해 생각하신 것이 반드시 되며 하나님께서 경영하신 것을 반드시 이루신다는 사실을 확실히 믿게 하소서(사 14:24).

성구 확장 기도

♡ ○○를 위해 구체적인 기도를 하겠습니다.

자녀 이름:	자녀 이름:

② 학교 선생님을 위해 기도하겠습니다.

신자일 때: 우리 주 예수 그리스도의 하나님이신 영광의 아버지께서 지혜와 계시의 영을 _____ 선생님에게 주셔서 하나님을 더 깊이 알게 하시고, _____ 선생님의 마음의 눈을 밝혀 주셔서 교사로 부르심의 소망이 무엇인지 알게 하여 주소서(엡 1:17-18).

불신자일 때: _____ 선생님의 눈을 뜨게 하셔서 어둠에서 빛으로, 사탄의 권세에서 하나님께로 돌아오게 하시고 죄 사함과 예수를 믿어 거룩하게 된 무리 가운데서 기업을 얻게 하소서(행 26:18).

구체적인 기도 제목: _____

③ 학교를 위해 기도하겠습니다. _____

④ 주일학교 선생님을 위해 기도하겠습니다. _____

⑤ 주일학교 주요 사안(주일학교 부서)을 위해 기도하겠습니다. _____

⑥ 기도하는 엄마들 사역을 위해 기도달력으로 기도하겠습니다(당월 기도달력을 홈페이지에서 다운받아 모일 때마다 한 주 분씩 기도해 주십시오. **www.mip.or.kr**).

♥ **마무리** – 오늘도 우리의 기도를 들으시는 하나님께 감사와 영광을 올려드리며 예수님의 이름으로 기도드립니다. 아멘!

♥ 모임 내에서 기도한 내용은 모임 안에 남아야 함을 잊지 마십시오!!

Week 9 ♥ The LORD is Almighty

• Date: _____

♥ Praise (8-10mins) – **Let's declare that God is almighty**(Praising God for who He is, His attributes, His name and His character. Please no answers to prayers or prayer requests during this time.).

No matter how much havoc the prince of the power of the air wreaks we are protected because God's angels and a multitude of heavenly hosts fight and defeat him. God calls us to battle and promises to help us. He sees those running for His righteousness and will work for those who are willing to fight against Satan for the sake of God's glory and the gospel. The Lord Almighty will defeat the enemy. Are you trembling at the fierce spiritual battlefield? Call out Jehovah Sabaoth and bravely press on.

1Samuel 17:45	David said to the Philistine, "You come against me with sword and spear and javelin, but I come against you in the name of the LORD Almighty, the God of the armies of Israel, whom you have defied.
Psalms 103:21-22	Praise the LORD, all his heavenly hosts, you his servants who do his will. Praise the LORD, all his works everywhere in his dominion. Praise the LORD, O my soul.
Isaiah 14:24	The LORD Almighty has sworn, "Surely, as I have planned, so it will be, and as I have purposed, so it will stand.
Zechariah 4:6	So he said to me, "This is the word of the LORD to Zerubbabel: 'Not by might nor by power, but by my Spirit,' says the LORD Almighty.
Malachi 4:3	Then you will trample down the wicked; they will be ashes under the soles of your feet on the day when I do these things," says the LORD Almighty.

♥ Confession (2-3mins) – When we are living in sin, God does not hear our prayers.
We want to take this time to pray and confess our sins in silence(2-3mins). Your Word tells us that if we confess our sins, You are faithful and righteous to forgive us our sins and to cleanse us from all unrighteousness. We believe that our sins have been washed clean by the blood of Christ. Sovereign Lord, fill us with your Holy Spirit. Amen!

♥ Thanksgiving (5-8mins) – **Thanking God for What He has done**(Please, no prayer requests during this time.).

Child:	Child:

♥ Intercession(30-40mins) – (Conversational one accord prayer is always short, simple and specific.)

① Our Own Children

♡ **Scripture prayer for ○○.**

We pray that _____ may believe the words the Lord Almighty has sworn, "Surely, as I have planned, so it will be, and as I have purposed, so it will happen." (Isaiah 14:24).

Expanded scripture prayer

♡ **Let's pray for ○○ specifically.**

Child:	Child:

② Teachers/Staff

Christian teacher: I keep asking that the God of our Lord Jesus Christ, the glorious Father, may give _____ (insert teacher's name) the Spirit of wisdom and revelation, so that they may know him better. I pray also that the eyes of _____'s heart may be enlightened in order that they _____ may know the hope to which he has called _____, the riches of his glorious inheritance in the saints(Ephesians 1:17-18).

Non-christian teacher: Open _____'s (insert teacher's name) eyes and turn _____ from darkness to light, and from the power of Satan to God, so that _____ may receive forgiveness of sins and a place among those who are sanctified by faith in Jesus(Acts 26:18).

Specific Request: _____

③ **School Concerns** _____

④ **Sunday School Teacher** _____

⑤ **Sunday School Concerns** _____

⑥ **Pray for MIP Korea**(Print the monthly calendar from **www.mip.or.kr** and pray for each week's requests.)

♥ Finish – We give praise and glory to You, our Father in heaven who listens our prayers. In Jesus' name we pray, Amen!

♥ Remember, what is prayed in the group, stays in the group!!

10주 ♥ 여호와 이레 – 준비하시는 하나님

한국 기도하는 엄마들 • 날짜: 20___년 ___월 ___일 (___요일) ___시

♥ **찬양**(8-10분) – 이제 **여호와 이레 – 준비하시는 하나님**을 선포하고 찬양하겠습니다(하나님의 속성, 이름, 성품으로 하나님을 찬양하십시오. 이 시간은 기도 응답이나 기도 제목을 나누는 시간이 아닙니다. 찬양만 하십시오.).

'여호와 이레'는 우리의 필요를 헤아리시고 준비하시는 하나님이십니다. 그런데 예수님은 제자들에게 "오늘 우리에게 일용할 양식을 주시옵고"(마 6:11)라고 기도하라고 교훈하십니다. 우리 하나님께서는 우리에게 당신께 기도로 나오라 명하십니다. '여호와 이레' 하나님은 그리스도 예수 안에서 영광 가운데 그 풍성한 대로 우리의 모든 쓸 것을 채우십니다.

창 22:8	… 내 아들아 번제할 어린 양은 하나님이 자기를 위하여 친히 준비하시리라…
창 22:13-14	아브라함이 눈을 들어 살펴본즉 한 숫양이 뒤에 있는데 뿔이 수풀에 걸려 있는지라 아브라함이 가서 그 숫양을 가져다가 아들을 대신하여 번제로 드렸더라 아브라함이 그 땅 이름을 여호와 이레라 하였으므로 오늘날까지 사람들이 이르기를 여호와의 산에서 준비되리라 하더라
롬 8:32	자기 아들을 아끼지 아니하시고 우리 모든 사람을 위하여 내주신 이가 어찌 그 아들과 함께 모든 것을 우리에게 주시지 아니하겠느냐
빌 4:19	나의 하나님이 그리스도 예수 안에서 영광 가운데 그 풍성한 대로 너희 모든 쓸 것을 채우시리라
마 6:31-33	그러므로 염려하여 이르기를 무엇을 먹을까 무엇을 마실까 무엇을 입을까 하지 말라 이는 다 이방인들이 구하는 것이라 너희 하늘 아버지께서 이 모든 것이 너희에게 있어야 할 줄을 아시느니라 그런즉 너희는 먼저 그의 나라와 그의 의를 구하라 그리하면 이 모든 것을 너희에게 더하시리라

♥ **고백**(2-3분) – 우리가 죄를 품고 있으면 하나님은 우리 기도를 듣지 않으십니다.
이 시간은 조용히 침묵하는 가운데 우리의 죄를 고백하는 기도를 하겠습니다. (2-3분 후)
만일 우리가 우리 죄를 자백하면 하나님께서는 신실하시고 의로우심으로 우리 죄를 용서하시고 모든 불의에서 우리를 깨끗케 하신다고 하신 말씀대로 우리의 죄가 그리스도의 보혈로 깨끗하게 씻겨졌음을 믿습니다. 이제 우리를 온전히 다스리시고, 성령으로 충만케 하여 주시옵소서. 아멘!

♥ **감사**(5-8분) – 이제 기도 응답에 대하여 하나님께 감사기도를 드리겠습니다(이 시간에 간구는 하지 않습니다.).

자녀 이름:	자녀 이름:

♥ **중보 (30-40분)** – (대화식 합심기도는 언제나 짧고 Short, 간단하게 Simple, 구체적으로 Specific 합니다.)

① **이제 우리 자녀를 위해 중보기도하겠습니다.**

♡ **먼저 ○○를 위해 성구기도하겠습니다.**

그리스도 예수 안에서 영광 가운데 그 풍성한 대로 _____의 모든 쓸 것을 채우시는 주님(빌 4:19), _____가 먼저 주님의 나라와 주님의 의를 구하게 하소서! 그리하여 이 모든 것을 더하시는 주님을 경험하게 하소서(마 6:33).

성구 확장 기도

♡ **○○를 위해 구체적인 기도를 하겠습니다.**

자녀 이름:	자녀 이름:

② **학교 선생님을 위해 기도하겠습니다.**

신자일 때: 우리 주 예수 그리스도의 하나님이신 영광의 아버지께서 지혜와 계시의 영을 _____ 선생님에게 주셔서 하나님을 더 깊이 알게 하시고, _____ 선생님의 마음의 눈을 밝혀 주셔서 교사로 부르심의 소망이 무엇인지 알게 하여 주소서(엡 1:17-18).

불신자일 때: _____ 선생님의 눈을 뜨게 하셔서 어둠에서 빛으로, 사탄의 권세에서 하나님께로 돌아오게 하시고 죄 사함과 예수를 믿어 거룩하게 된 무리 가운데서 기업을 얻게 하소서(행 26:18).

구체적인 기도 제목: _____

③ **학교를 위해 기도하겠습니다.** _____

④ **주일학교 선생님을 위해 기도하겠습니다.** _____

⑤ **주일학교 주요 사안(주일학교 부서)을 위해 기도하겠습니다.** _____

⑥ **기도하는 엄마들 사역을 위해 기도달력으로 기도하겠습니다**(당월 기도달력을 홈페이지에서 다운받아 모일 때마다 한 주 분씩 기도해 주십시오. **www.mip.or.kr**).

♥ **마무리** – 오늘도 우리의 기도를 들으시는 하나님께 감사와 영광을 올려드리며 예수님의 이름으로 기도드립니다. 아멘!

♥ 모임 내에서 기도한 내용은 모임 안에 남아야 함을 잊지 마십시오!!

10주 ♥ 여호와 이레 – 준비하시는 하나님

Week 10 ♥ The LORD will Provide

• Date: _____

♥ **Praise** (8-10mins) – **Let's declare that God will provide** (Praising God for who He is, His attributes, His name and His character. Please no answers to prayers or prayer requests during this time.).

Jehovah-jireh, our Father looks after our needs and provides for us. Still He teaches us to pray "give us today our daily bread" (Matthew 5:11). Our God commands us to come to Him. Jehovah-Jireh God will meet all our needs according to the glorious riches in Jesus Christ. Our needs will be met in the mountain of Jehovah.

Genesis 22:8	Abraham answered, "God himself will provide the lamb for the burnt offering, my son." And the two of them went on together.
Genesis 22:13-14	Abraham looked up and there in a thicket he saw a ram caught by its horns. He went over and took the ram and sacrificed it as a burnt offering instead of his son. So Abraham called that place The LORD Will Provide. And to this day it is said, "On the mountain of the LORD it will be provided."
Romans 8:32	He who did not spare his own Son, but gave him up for us all--how will he not also, along with him, graciously give us all things?
Philippians 4:19	And my God will meet all your needs according to his glorious riches in Christ Jesus.
Matthew 6:31-33	So do not worry, saying, 'What shall we eat?' or 'What shall we drink?' or 'What shall we wear?' For the pagans run after all these things, and your heavenly Father knows that you need them. But seek first his kingdom and his righteousness, and all these things will be given to you as well.

♥ **Confession** (2-3mins) – **When we are living in sin, God does not hear our prayers. We want to take this time to pray and confess our sins in silence(2-3mins). Your Word tells us that if we confess our sins, You are faithful and righteous to forgive us our sins and to cleanse us from all unrighteousness. We believe that our sins have been washed clean by the blood of Christ. Sovereign Lord, fill us with your Holy Spirit. Amen!**

♥ **Thanksgiving** (5-8mins) – **Thanking God for What He has done** (Please, no prayer requests during this time.).

Child: _____ Child: _____

_____

_____

_____

_____

♥ **Intercession**(30-40mins) – (Conversational one accord prayer is always short, simple and specific.)

① **Our Own Children**

♡ **Scripture prayer for ○○.**

Lord God, who meets all the needs of _____ according to the riches of your glory in Christ Jesus (Philippians 4:19), may _____ seek first your kingdom and your righteousness, so that all these things will be given to _____ as well (Matthew 6:33).

Expanded scripture prayer

♡ **Let's pray for ○○ specifically.**

Child:	Child:

② **Teachers/Staff**

Christian teacher: I keep asking that the God of our Lord Jesus Christ, the glorious Father, may give _____ (insert teacher's name) the Spirit of wisdom and revelation, so that they may know him better. I pray also that the eyes of _____'s heart may be enlightened in order that they _____ may know the hope to which he has called _____, the riches of his glorious inheritance in the saints(Ephesians 1:17-18).

Non-christian teacher: Open _____'s (insert teacher's name) eyes and turn _____ from darkness to light, and from the power of Satan to God, so that _____ may receive forgiveness of sins and a place among those who are sanctified by faith in Jesus(Acts 26:18).

Specific Request: _____

③ **School Concerns** _____

④ **Sunday School Teacher** _____

⑤ **Sunday School Concerns** _____

⑥ **Pray for MIP Korea**(Print the monthly calendar from **www.mip.or.kr** and pray for each week's requests.)

♥ **Finish** – **We give praise and glory to You, our Father in heaven who listens our prayers. In Jesus' name we pray, Amen!**

♥ Remember, what is prayed in the group, stays in the group!!

11주 ♥ 여호와 라파 – 치료하시는 하나님

한국 기도하는 엄마들　　　　　　　　　　• 날짜: 20____년 ____월 ____일 (____요일) ____시

♥ **찬양**(8-10분) – 이제 **여호와 라파 – 치료하시는 하나님**을 선포하고 찬양하겠습니다(하나님의 속성, 이름, 성품으로 하나님을 찬양하십시오. 이 시간은 기도 응답이나 기도 제목을 나누는 시간이 아닙니다. 찬양만 하십시오.).

육체든 마음이든 영이든 그 병의 치료를 위해 우리가 맨 먼저 찾아야 할 분은 여호와 라파이십니다. 물론 하나님께서 사람을 치료의 도구로 사용하시기도 하지만 치료하시는 하나님의 도우심이 없다면 그 도구는 무력할 뿐입니다. 따라서 치료를 필요로 할 때 우리는 먼저 '여호와 라파'의 진찰을 받아야 합니다. 그런데 하나님의 치료를 원할 때는 죄 문제가 항상 먼저 점검되어야 하며 성령께서 죄를 보여 주시면 우리는 철저하게 그것을 회개해야 합니다. 이 시간 우리 몸을 치유하실 뿐 아니라 우리의 영과 혼을 치유하시고 회복시키시는 주님을 바라봅시다.

출 15:26　　이르시되 너희가 너희 하나님 나 여호와의 말을 들어 순종하고 내가 보기에 의를 행하며 내 계명에 귀를 기울이며 내 모든 규례를 지키면 내가 애굽 사람에게 내린 모든 질병 중 하나도 너희에게 내리지 아니하리니 나는 너희를 치료하는 여호와임이라

시 103:3　　그가 네 모든 죄악을 사하시며 네 모든 병을 고치시며

시 147:3　　상심한 자들을 고치시며 그들의 상처를 싸매시는도다

말 4:2　　내 이름을 경외하는 너희에게는 공의로운 해가 떠올라서 치료하는 광선을 비추리니 너희가 나가서 외양간에서 나온 송아지 같이 뛰리라

마 8:16-17　　저물매 사람들이 귀신 들린 자를 많이 데리고 예수께 오거늘 예수께서 말씀으로 귀신들을 쫓아 내시고 병든 자들을 다 고치시니 이는 선지자 이사야를 통하여 하신 말씀에 우리의 연약한 것을 친히 담당하시고 병을 짊어지셨도다 함을 이루려 하심이더라

♥ **고백**(2-3분) – 우리가 죄를 품고 있으면 하나님은 우리 기도를 듣지 않으십니다.
이 시간은 조용히 침묵하는 가운데 우리의 죄를 고백하는 기도를 하겠습니다. (2-3분 후)
만일 우리가 우리 죄를 자백하면 하나님께서는 신실하시고 의로우심으로 우리 죄를 용서하시고 모든 불의에서 우리를 깨끗케 하신다고 하신 말씀대로 우리의 죄가 그리스도의 보혈로 깨끗하게 씻겨졌음을 믿습니다. 이제 우리를 온전히 다스리시고, 성령으로 충만케 하여 주시옵소서. 아멘!

♥ **감사**(5-8분) – 이제 기도 응답에 대하여 하나님께 감사기도를 드리겠습니다(이 시간에 간구는 하지 않습니다.).

자녀 이름:	자녀 이름:

♥ **중보(30-40분)** – (대화식 합심기도는 언제나 짧고 Short, 간단하게 Simple, 구체적으로 Specific 합니다.)

① 이제 우리 자녀를 위해 중보기도하겠습니다.

♡ 먼저 ○○를 위해 성구기도하겠습니다.

_____가 자기 하나님의 말씀을 들어 순종하고 하나님이 보시기에 의를 행하며 하나님의 계명에 귀를 기울이며 하나님의 모든 규례를 지키게 하소서(출 15:26).

성구 확장 기도

♡ ○○를 위해 구체적인 기도를 하겠습니다.

자녀 이름:	자녀 이름:

② 학교 선생님을 위해 기도하겠습니다.

신자일 때: 우리 주 예수 그리스도의 하나님이신 영광의 아버지께서 지혜와 계시의 영을 _____ 선생님에게 주셔서 하나님을 더 깊이 알게 하시고, _____ 선생님의 마음의 눈을 밝혀 주셔서 교사로 부르심의 소망이 무엇인지 알게 하여 주소서(엡 1:17-18).

불신자일 때: _____ 선생님의 눈을 뜨게 하셔서 어둠에서 빛으로, 사탄의 권세에서 하나님께로 돌아오게 하시고 죄 사함과 예수를 믿어 거룩하게 된 무리 가운데서 기업을 얻게 하소서(행 26:18).

구체적인 기도 제목: _____

③ 학교를 위해 기도하겠습니다. _____

④ 주일학교 선생님을 위해 기도하겠습니다. _____

⑤ 주일학교 주요 사안(주일학교 부서)을 위해 기도하겠습니다. _____

⑥ 기도하는 엄마들 사역을 위해 기도달력으로 기도하겠습니다(당월 기도달력을 홈페이지에서 다운받아 모일 때마다 한 주 분씩 기도해 주십시오. **www.mip.or.kr**).

♥ **마무리** – 오늘도 우리의 기도를 들으시는 하나님께 감사와 영광을 올려드리며 예수님의 이름으로 기도드립니다. 아멘!

♥ 모임 내에서 기도한 내용은 모임 안에 남아야 함을 잊지 마십시오!!

Week 11 ♥ The LORD Who Heals

• Date: _____

♥ **Praise** (8-10mins) – **Let's declare that God who heals**(Praising God for who He is, His attributes, His name and His character. Please no answers to prayers or prayer requests during this time.).

Whether it is healing of the body or mind or the spirit, the first one to seek is Jehovah Rapha. Of course God also uses people as an instrument for healing, but without God's help the instrument is useless. Therefore, when we need to be healed, we first need to be seen by Jehovah Rapha. When we seek healing from God, our sin always must be examined first, and when sin is found we need to deal with it thoroughly. We must look to God who not only heals our body but also heals and restores our spirit and mind.

Exodus 15:26	He said, "If you listen carefully to the voice of the LORD your God and do what is right in his eyes, if you pay attention to his commands and keep all his decrees, I will not bring on you any of the diseases I brought on the Egyptians, for I am the LORD, who heals you."
Psalms 103:3	who forgives all your sins and heals all your diseases,
Psalms 147:3	He heals the brokenhearted and binds up their wounds.
Malachi 4:2	But for you who revere my name, the sun of righteousness will rise with healing in its wings. And you will go out and leap like calves released from the stall.
Matthew 8:16-17	When evening came, many who were demon-possessed were brought to him, and he drove out the spirits with a word and healed all the sick. This was to fulfill what was spoken through the prophet Isaiah: "He took up our infirmities and carried our diseases."

♥ **Confession** (2-3mins) – **When we are living in sin, God does not hear our prayers. We want to take this time to pray and confess our sins in silence(2-3mins). Your Word tells us that if we confess our sins, You are faithful and righteous to forgive us our sins and to cleanse us from all unrighteousness. We believe that our sins have been washed clean by the blood of Christ. Sovereign Lord, fill us with your Holy Spirit. Amen!**

♥ **Thanksgiving** (5-8mins) – **Thanking God for What He has done**(Please, no prayer requests during this time.).

Child:	Child:

♥ **Intercession**(30-40mins) – (Conversational one accord prayer is always short, simple and specific.)

① **Our Own Children**

♡ **Scripture prayer for ○○.**

May _____ listen carefully to the Lord and do what is right in his eyes, pay attention to his commands and keep all his decrees (Exodus 15:26).

Expanded scripture prayer

♡ **Let's pray for ○○ specifically.**

Child:	Child:

② **Teachers/Staff**

Christian teacher: I keep asking that the God of our Lord Jesus Christ, the glorious Father, may give _____ (insert teacher's name) the Spirit of wisdom and revelation, so that they may know him better. I pray also that the eyes of _____'s heart may be enlightened in order that they _____ may know the hope to which he has called _____, the riches of his glorious inheritance in the saints(Ephesians 1:17-18).

Non-christian teacher: Open _____'s (insert teacher's name) eyes and turn _____ from darkness to light, and from the power of Satan to God, so that _____ may receive forgiveness of sins and a place among those who are sanctified by faith in Jesus(Acts 26:18).

Specific Request: _____

③ **School Concerns** _____

④ **Sunday School Teacher** _____

⑤ **Sunday School Concerns** _____

⑥ **Pray for MIP Korea**(Print the monthly calendar from **www.mip.or.kr** and pray for each week's requests.)

♥ Finish – We give praise and glory to You, our Father in heaven who listens our prayers. In Jesus' name we pray, Amen!

♥ Remember, what is prayed in the group, stays in the group!!

12주 ♥ 여호와 치케누 – 주님은 우리의 의

한국 기도하는 엄마들　　　　　　　　　　　• 날짜: 20____년 ____월 ____일 (____요일) ____시

♥ **찬양**(8-10분) – 이제 **여호와 치케누를 선포하고 찬양하겠습니다**(하나님의 속성, 이름, 성품으로 하나님을 찬양하십시오. 이 시간은 기도 응답이나 기도 제목을 나누는 시간이 아닙니다. 찬양만 하십시오.).

하나님과 올바른 관계를 맺으면 의롭게 됩니다. 그러면 하나님께서 옳다고 말씀하시는 것을 행하고 싶어지고 하나님의 말씀의 기준에 따라 살고 싶어지는 것입니다. 그래서 새로운 마음을 가져야 합니다. 새 마음은 '여호와 치케누', '여호와 우리의 의'라는 이름의 의로우신 그분을 통해 얻을 수 있습니다. 그분을 경외함이 마음속에 있어서 우리로 하여금 하나님을 떠나지 않게 할 것입니다(렘 32:40). 예수 그리스도의 대속의 은혜를 믿음으로 말미암아 의롭다 칭함을 얻게 된 우리에게 새 주인이 되신 여호와 치케누를 찬양합시다.

렘 23:5-6　여호와의 말씀이니라 보라 때가 이르리니 내가 다윗에게 한 의로운 가지를 일으킬 것이라 그가 왕이 되어 지혜롭게 다스리며 세상에서 정의와 공의를 행할 것이며 그의 날에 유다는 구원을 받겠고 이스라엘은 평안히 살 것이며 그의 이름은 여호와 우리의 공의라 일컬음을 받으리라

롬 3:21-22　이제는 율법 외에 하나님의 한 의가 나타났으니 율법과 선지자들에게 증거를 받은 것이라 곧 예수 그리스도를 믿음으로 말미암아 모든 믿는 자에게 미치는 하나님의 의니 차별이 없느니라

롬 5:17　한 사람의 범죄로 말미암아 사망이 그 한 사람을 통하여 왕 노릇 하였은즉 더욱 은혜와 의의 선물을 넘치게 받는 자들은 한 분 예수 그리스도를 통하여 생명 안에서 왕 노릇 하리로다

고후 5:21　하나님이 죄를 알지도 못하신 이를 우리를 대신하여 죄로 삼으신 것은 우리로 하여금 그 안에서 하나님의 의가 되게 하려 하심이라

롬 10:4　그리스도는 모든 믿는 자에게 의를 이루기 위하여 율법의 마침이 되시니라

♥ **고백**(2-3분) – 우리가 죄를 품고 있으면 하나님은 우리 기도를 듣지 않으십니다.
이 시간은 조용히 침묵하는 가운데 우리의 죄를 고백하는 기도를 하겠습니다. (2-3분 후)
만일 우리가 우리 죄를 자백하면 하나님께서는 신실하시고 의로우심으로 우리 죄를 용서하시고 모든 불의에서 우리를 깨끗게 하신다고 하신 말씀대로 우리의 죄가 그리스도의 보혈로 깨끗하게 씻겨졌음을 믿습니다. 이제 우리를 온전히 다스리시고, 성령으로 충만케 하여 주시옵소서. 아멘!

♥ **감사**(5-8분) – 이제 기도 응답에 대하여 하나님께 감사기도를 드리겠습니다(이 시간에 간구는 하지 않습니다.).

자녀 이름:　　　　　　　　　　　　　　자녀 이름:

_____

_____

_____

_____

♥ **중보(30-40분)** – (대화식 합심기도는 언제나 짧고 Short, 간단하게 Simple, 구체적으로 Specific 합니다.)

① 이제 우리 자녀를 위해 중보기도하겠습니다.

   ♡ 먼저 ○○를 위해 성구기도하겠습니다.

   하나님이 죄를 알지도 못하신 예수 그리스도를 _____를 대신하여 죄로 삼으신 것은 그로 하여금 예수 그리스도 안에서 하나님의 의가 되게 하려 하신 것임을 _____가 확실히 알고 믿게 하소서(고후 5:21).

   성구 확장 기도

   ♡ ○○를 위해 구체적인 기도를 하겠습니다.

자녀 이름:	자녀 이름:

② 학교 선생님을 위해 기도하겠습니다.

   신자일 때: 우리 주 예수 그리스도의 하나님이신 영광의 아버지께서 지혜와 계시의 영을 _____ 선생님에게 주셔서 하나님을 더 깊이 알게 하시고, _____ 선생님의 마음의 눈을 밝혀 주셔서 교사로 부르심의 소망이 무엇인지 알게 하여 주소서(엡 1:17-18).

   불신자일 때: _____ 선생님의 눈을 뜨게 하셔서 어둠에서 빛으로, 사탄의 권세에서 하나님께로 돌아오게 하시고 죄 사함과 예수를 믿어 거룩하게 된 무리 가운데서 기업을 얻게 하소서(행 26:18).

   구체적인 기도 제목: _____

③ 학교를 위해 기도하겠습니다. _____

④ 주일학교 선생님을 위해 기도하겠습니다. _____

⑤ 주일학교 주요 사안(주일학교 부서)을 위해 기도하겠습니다. _____

⑥ 기도하는 엄마들 사역을 위해 기도달력으로 기도하겠습니다(당월 기도달력을 홈페이지에서 다운받아 모일 때마다 한 주 분씩 기도해 주십시오. www.mip.or.kr).

♥ **마무리** – 오늘도 우리의 기도를 들으시는 하나님께 감사와 영광을 올려드리며 예수님의 이름으로 기도드립니다. 아멘!

♥ 모임 내에서 기도한 내용은 모임 안에 남아야 함을 잊지 마십시오!!

Week 12 ♥ The LORD Our Righteousness

• Date: _____

♥ **Praise** (8-10mins) – **Let's declare that God is our righteousness**(Praising God for who He is, His attributes, His name and His character. Please no answers to prayers or prayer requests during this time.).

To have a right relationship with God is to become righteous. That is to do the things God says is right, and to live up to His standards. In order to do that our hearts must be regenerated. Regenerated hearts can be received from the righteous One named Jehovah-tsidkenu, 'Jehovah our Righteousness'. He inspires us to fear Him so that we may not turn away from Him(Jeremiah 32:40). To us who have been regarded righteous through the atoning blood of Jesus Christ, our new Lord is Jehovah-tsidkenu.

Jeremiah 23:5-6	"The days are coming," declares the LORD, "when I will raise up to David a righteous Branch, a King who will reign wisely and do what is just and right in the land. In his days Judah will be saved and Israel will live in safety. This is the name by which he will be called: The LORD Our Righteousness.
Romans 3:21-22	But now a righteousness from God, apart from law, has been made known, to which the Law and the Prophets testify. This righteousness from God comes through faith in Jesus Christ to all who believe. There is no difference,
Romans 5:17	For if, by the trespass of the one man, death reigned through that one man, how much more will those who receive God's abundant provision of grace and of the gift of righteousness reign in life through the one man, Jesus Christ.
2Corinthians 5:21	God made him who had no sin to be sin for us, so that in him we might become the righteousness of God.
Romans 10:4	Christ is the end of the law so that there may be righteousness for everyone who believes.

♥ **Confession** (2-3mins) – **When we are living in sin, God does not hear our prayers. We want to take this time to pray and confess our sins in silence(2-3mins). Your Word tells us that if we confess our sins, You are faithful and righteous to forgive us our sins and to cleanse us from all unrighteousness. We believe that our sins have been washed clean by the blood of Christ. Sovereign Lord, fill us with your Holy Spirit. Amen!**

♥ **Thanksgiving** (5-8mins) – **Thanking God for What He has done**(Please, no prayer requests during this time.).

Child:	Child:

♥ **Intercession**(30-40mins) – (Conversational one accord prayer is always short, simple and specific.)

① **Our Own Children**

♡ **Scripture prayer for ○○.**

May _____ know and believe that God made him who had no sin to be sin for us, so that in him we might become the righteousness of God (2Corinthians 5:21).

Expanded scripture prayer

♡ **Let's pray for ○○ specifically.**

Child:	Child:

② **Teachers/Staff**

Christian teacher: I keep asking that the God of our Lord Jesus Christ, the glorious Father, may give _____ (insert teacher's name) the Spirit of wisdom and revelation, so that they may know him better. I pray also that the eyes of _____'s heart may be enlightened in order that they _____ may know the hope to which he has called _____, the riches of his glorious inheritance in the saints(Ephesians 1:17-18).

Non-christian teacher: Open _____'s (insert teacher's name) eyes and turn _____ from darkness to light, and from the power of Satan to God, so that _____ may receive forgiveness of sins and a place among those who are sanctified by faith in Jesus(Acts 26:18).

Specific Request: _____

③ **School Concerns** _____

④ **Sunday School Teacher** _____

⑤ **Sunday School Concerns** _____

⑥ **Pray for MIP Korea**(Print the monthly calendar from **www.mip.or.kr** and pray for each week's requests.)

♥ **Finish** – **We give praise and glory to You, our Father in heaven who listens our prayers. In Jesus' name we pray, Amen!**

♥ Remember, what is prayed in the group, stays in the group!!

기도하는 엄마들 **한영기도일지 ❶**

_____ 년 _____ 월 MIP 기도달력

♥ MEMO ♥

13주 ♥ 능력의 하나님

한국 기도하는 엄마들　　　　　　　　　　　• 날짜: 20____년 ____월 ____일 (____요일) ____시

♥ **찬양(8-10분)** – 이제 **능력의 하나님을 선포하고 찬양하겠습니다**(하나님의 속성, 이름, 성품으로 하나님을 찬양하십시오. 이 시간은 기도 응답이나 기도 제목을 나누는 시간이 아닙니다. 찬양만 하십시오.).

우리 하나님은 무슨 일이든 언제든지 행하실 수 있으며, 어떤 상황 가운데서도 권세와 힘으로 자기 뜻을 이루실 능력을 갖고 계십니다. '나의 강한 손', '능력으로 행한 일', '크신 권세', '전쟁에 능하심', '강한 반석', '그의 크신 능력으로 영원히 다스리심', '웅장한 소리', '능하신 행적', '크신 행사', '강한 팔', '강한 왕', '강한 힘', '건지시는 힘' 등으로 성경은 하나님의 능력을 표현합니다. 크신 능력의 하나님께 불가능이란 없습니다. 우리의 어떠한 문제도 능히 해결하실 수 있습니다. 절망하지 말고 인내하며 능력의 하나님께 자녀를 위해 기도합시다.

시 89:13　　주의 팔에 능력이 있사오며 주의 손은 강하고 주의 오른손은 높이 들리우셨나이다

사 40:28-31　너는 알지 못하였느냐 듣지 못하였느냐 영원하신 하나님 여호와, 땅 끝까지 창조하신 이는 피곤하지 않으시며 곤비하지 않으시며 명철이 한이 없으시며 피곤한 자에게는 능력을 주시며 무능한 자에게는 힘을 더하시나니 소년이라도 피곤하며 곤비하며 장정이라도 넘어지며 쓰러지되 오직 여호와를 앙망하는 자는 새 힘을 얻으리니 독수리가 날개치며 올라감 같을 것이요 달음박질하여도 곤비하지 아니하겠고 걸어가도 피곤하지 아니하리로다

시 24:8　　영광의 왕이 누구시냐 강하고 능한 여호와시요 전쟁에 능한 여호와시로다

시 106:8　　그러나 여호와께서는 자기의 이름을 위하여 그들을 구원하셨으니 그의 큰 권능을 만인이 알게 하려 하심이로다

사 40:26　　너희는 눈을 높이 들어 누가 이 모든 것을 창조하였나 보라 주께서는 수효대로 만상을 이끌어 내시고 그들의 모든 이름을 부르시나니 그의 권세가 크고 그의 능력이 강하므로 하나도 빠짐이 없느니라

♥ **고백(2-3분)** – 우리가 죄를 품고 있으면 하나님은 우리 기도를 듣지 않으십니다.
이 시간은 조용히 침묵하는 가운데 우리의 죄를 고백하는 기도를 하겠습니다. (2-3분 후)
만일 우리가 우리 죄를 자백하면 하나님께서는 신실하시고 의로우심으로 우리 죄를 용서하시고 모든 불의에서 우리를 깨끗케 하신다고 하신 말씀대로 우리의 죄가 그리스도의 보혈로 깨끗하게 씻겨졌음을 믿습니다. 이제 우리를 온전히 다스리시고, 성령으로 충만케 하여 주시옵소서. 아멘!

♥ **감사(5-8분)** – 이제 기도 응답에 대하여 **하나님께 감사기도를 드리겠습니다**(이 시간에 간구는 하지 않습니다.).

자녀 이름:　　　　　　　　　　　　　자녀 이름:

_____　_____
_____　_____
_____　_____
_____　_____

♥ **중보 (30-40분)** – (대화식 합심기도는 언제나 짧고 Short, 간단하게 Simple, 구체적으로 Specific 합니다.)

① 이제 우리 자녀를 위해 중보기도하겠습니다.

♡ 먼저 ○○를 위해 성구기도하겠습니다.

_____가 영원하신 하나님, 땅 끝까지 창조하신 하나님은 피곤하지도 곤비하지도 않으시며 명철이 한이 없으시며 피곤한 자에게는 능력을 주시며 무능한 자에게는 힘을 더하시는 분임을 믿고 기도하게 하소서(사 40:28-29).

성구 확장 기도

♡ ○○를 위해 구체적인 기도를 하겠습니다.

자녀 이름:	자녀 이름:

② 학교 선생님을 위해 기도하겠습니다.

신자일 때: 우리 주 예수 그리스도의 하나님이신 영광의 아버지께서 지혜와 계시의 영을 _____ 선생님에게 주셔서 하나님을 더 깊이 알게 하시고, _____ 선생님의 마음의 눈을 밝혀 주셔서 교사로 부르심의 소망이 무엇인지 알게 하여 주소서(엡 1:17-18).

불신자일 때: _____ 선생님의 눈을 뜨게 하셔서 어둠에서 빛으로, 사탄의 권세에서 하나님께로 돌아오게 하시고 죄 사함과 예수를 믿어 거룩하게 된 무리 가운데서 기업을 얻게 하소서(행 26:18).

구체적인 기도 제목: _____

③ 학교를 위해 기도하겠습니다. _____

④ 주일학교 선생님을 위해 기도하겠습니다. _____

⑤ 주일학교 주요 사안(주일학교 부서)을 위해 기도하겠습니다. _____

⑥ 기도하는 엄마들 사역을 위해 기도달력으로 기도하겠습니다(당월 기도달력을 홈페이지에서 다운받아 모일 때마다 한 주 분씩 기도해 주십시오. www.mip.or.kr).

♥ **마무리** – 오늘도 우리의 기도를 들으시는 하나님께 감사와 영광을 올려드리며 예수님의 이름으로 기도드립니다. 아멘!

♥ 모임 내에서 기도한 내용은 모임 안에 남아야 함을 잊지 마십시오!!

Week 13 ♥ God is Powerful

• Date: _____

♥ **Praise** (8-10mins) – **Let's declare that God is powerful**(Praising God for who He is, His attributes, His name and His character. Please no answers to prayers or prayer requests during this time.).

Our God is able to do anything and has the ability to do His will in any situation with His power and strength. To God there is no such thing as 'helplessness'. Read about God's power. My powerful hand, works done in power, great power, mighty in battle, strong rock, reigning forever with His great power, powerful works, great works, powerful arm, powerful king, powerful strength, saving power.... To God Almighty, there is nothing that is impossible. Truly He will give us His great power.

Psalms 89:13	Your arm is endued with power; your hand is strong, your right hand exalted.
Isaiah 40:28-31	Do you not know? Have you not heard? The LORD is the everlasting God, the Creator of the ends of the earth. He will not grow tired or weary, and his understanding no one can fathom. He gives strength to the weary and increases the power of the weak. Even youths grow tired and weary, and young men stumble and fall; but those who hope in the LORD will renew their strength. They will soar on wings like eagles; they will run and not grow weary, they will walk and not be faint.
Psalms 24:8	Who is this King of glory? The LORD strong and mighty, the LORD mighty in battle.
Psalms 106:8	Yet he saved them for his name's sake, to make his mighty power known.
Isaiah 40:26	Lift your eyes and look to the heavens: Who created all these? He who brings out the starry host one by one, and calls them each by name. Because of his great power and mighty strength, not one of them is missing.

♥ **Confession** (2-3mins) – **When we are living in sin, God does not hear our prayers. We want to take this time to pray and confess our sins in silence(2-3mins). Your Word tells us that if we confess our sins, You are faithful and righteous to forgive us our sins and to cleanse us from all unrighteousness. We believe that our sins have been washed clean by the blood of Christ. Sovereign Lord, fill us with your Holy Spirit. Amen!**

♥ **Thanksgiving** (5-8mins) – **Thanking God for What He has done**(Please, no prayer requests during this time.).

Child:	Child:

♥ **Intercession**(30-40mins) – (Conversational one accord prayer is always short, simple and specific.)

① **Our Own Children**

♡ **Scripture prayer for ○○.**

May _____ know and pray to the Lord that is the everlasting God, the Creator of the ends of the earth. He will not grow tired or weary, and his understanding no one can fathom (Isaiah 40:28-29).

Expanded scripture prayer

♡ **Let's pray for ○○ specifically.**

Child:	Child:

② **Teachers/Staff**

Christian teacher: I keep asking that the God of our Lord Jesus Christ, the glorious Father, may give _____ (insert teacher's name) the Spirit of wisdom and revelation, so that they may know him better. I pray also that the eyes of _____'s heart may be enlightened in order that they _____ may know the hope to which he has called _____, the riches of his glorious inheritance in the saints(Ephesians 1:17-18).

Non-christian teacher: Open _____'s (insert teacher's name) eyes and turn _____ from darkness to light, and from the power of Satan to God, so that _____ may receive forgiveness of sins and a place among those who are sanctified by faith in Jesus(Acts 26:18).

Specific Request: _____

③ **School Concerns** _____

④ **Sunday School Teacher** _____

⑤ **Sunday School Concerns** _____

⑥ **Pray for MIP Korea**(Print the monthly calendar from **www.mip.or.kr** and pray for each week's requests.)

♥ Finish – **We give praise and glory to You, our Father in heaven who listens our prayers. In Jesus' name we pray, Amen!**

♥ Remember, what is prayed in the group, stays in the group!!

14주 ♥ 편재자 하나님

한국 기도하는 엄마들 • 날짜: 20____년 ____월 ____일 (____요일) ____시

♥ **찬양** (8-10분) – 이제 편재자 하나님을 선포하고 찬양하겠습니다(하나님의 속성, 이름, 성품으로 하나님을 찬양하십시오. 이 시간은 기도 응답이나 기도 제목을 나누는 시간이 아닙니다. 찬양만 하십시오.).

주님은 우리가 어디로 갈지라도 우리와 함께하시는 분입니다. 우리가 하늘 끝에 올라갈지라도 거기 계시며 죽음처럼 낮은 곳으로 내려갈지라도 하나님은 거기서 우리를 보살펴 주십니다. 하나님은 세상의 만물보다 먼저 계셨고, 만물이 그분 안에서 생겨났습니다. 어떤 것도 하나님을 떠나서 생겨나거나 존재하는 것은 없습니다. 그러기에 우리가 하나님을 찾으려 한다면 언제 어디서든 만날 수 있습니다. 세상 끝날까지 우리를 버리지도 떠나지도 않으시는 하나님을 기억하고, 언제 어디서나 우리와 함께하시는 주님을 기도로 만나 뵈며 안심하고 그분과 동행하는 삶을 삽시다.

시 139:7-8	내가 주의 영을 떠나 어디로 가며 주의 앞에서 어디로 피하리이까 내가 하늘에 올라갈지라도 거기 계시며 스올에 내 자리를 펼지라도 거기 계시니이다
마 28:20	내가 너희에게 분부한 모든 것을 가르쳐 지키게 하라 볼지어다 내가 세상 끝날까지 너희와 항상 함께 있으리라 하시니라
골 1:17	또한 그가 만물보다 먼저 계시고 만물이 그 안에 함께 섰느니라
렘 23:24	여호와의 말씀이니라 사람이 내게 보이지 아니하려고 누가 자신을 은밀한 곳에 숨길 수 있겠느냐 여호와가 말하노라 나는 천지에 충만하지 아니하냐
히 13:5	돈을 사랑하지 말고 있는 바를 족한 줄로 알라 그가 친히 말씀하시기를 내가 결코 너희를 버리지 아니하고 너희를 떠나지 아니하리라 하셨느니라
신 32:10	여호와께서 그를 황무지에서, 짐승이 부르짖는 광야에서 만나시고 호위하시며 보호하시며 자기의 눈동자 같이 지키셨도다

♥ **고백** (2-3분) – 우리가 죄를 품고 있으면 하나님은 우리 기도를 듣지 않으십니다.
이 시간은 조용히 침묵하는 가운데 우리의 죄를 고백하는 기도를 하겠습니다. (2-3분 후)
만일 우리가 우리 죄를 자백하면 하나님께서는 신실하시고 의로우심으로 우리 죄를 용서하시고 모든 불의에서 우리를 깨끗케 하신다고 하신 말씀대로 우리의 죄가 그리스도의 보혈로 깨끗하게 씻겨졌음을 믿습니다. 이제 우리를 온전히 다스리시고, 성령으로 충만케 하여 주시옵소서. 아멘!

♥ **감사** (5-8분) – 이제 기도 응답에 대하여 하나님께 감사기도를 드리겠습니다(이 시간에 간구는 하지 않습니다.).

자녀 이름:	자녀 이름:

♥ **중보(30-40분)** – (대화식 합심기도는 언제나 짧고 Short, 간단하게 Simple, 구체적으로 Specific 합니다.)

① 이제 우리 자녀를 위해 중보기도하겠습니다.

♡ 먼저 ○○를 위해 성구기도하겠습니다.

여호와께서 _____를 황무지에서도, 짐승이 부르짖는 광야에서도 만나시고 호위하시며 보호하시며 눈동자 같이 지켜 주소서(신 32:10).

성구 확장 기도

♡ ○○를 위해 구체적인 기도를 하겠습니다.

자녀 이름:	자녀 이름:

② 학교 선생님을 위해 기도하겠습니다.

신자일 때: 우리 주 예수 그리스도의 하나님이신 영광의 아버지께서 지혜와 계시의 영을 _____ 선생님에게 주셔서 하나님을 더 깊이 알게 하시고, _____ 선생님의 마음의 눈을 밝혀 주셔서 교사로 부르심의 소망이 무엇인지 알게 하여 주소서(엡 1:17-18).

불신자일 때: _____ 선생님의 눈을 뜨게 하셔서 어둠에서 빛으로, 사탄의 권세에서 하나님께로 돌아오게 하시고 죄 사함과 예수를 믿어 거룩하게 된 무리 가운데서 기업을 얻게 하소서(행 26:18).

구체적인 기도 제목: _____

③ 학교를 위해 기도하겠습니다. _____

④ 주일학교 선생님을 위해 기도하겠습니다. _____

⑤ 주일학교 주요 사안(주일학교 부서)을 위해 기도하겠습니다. _____

⑥ 기도하는 엄마들 사역을 위해 기도달력으로 기도하겠습니다(당월 기도달력을 홈페이지에서 다운받아 모일 때마다 한 주 분씩 기도해 주십시오. **www.mip.or.kr**).

♥ **마무리** – 오늘도 우리의 기도를 들으시는 하나님께 감사와 영광을 올려드리며 예수님의 이름으로 기도드립니다. 아멘!

♥ 모임 내에서 기도한 내용은 모임 안에 남아야 함을 잊지 마십시오!!

Week 14 ♥ The Omnipresent God

• Date: _____

♥ **Praise** (8-10mins) – **Let's declare that God is omnipresent**(Praising God for who He is, His attributes, His name and His character. Please no answers to prayers or prayer requests during this time.).

The Lord is with us no matter where we go. He will be there whether we are up high in the heavens or down low. God will watch over us wherever we are. He was before the world came into being, and all things were created by Him. There is nothing that exists apart from Him. That is why we can find God anywhere. Remember that God will never forsake us nor leave us, and live a life of walking with Him.

Psalms 139:7-8   Where can I go from your Spirit? Where can I flee from your presence? If I go up to the heavens, you are there; if I make my bed in the depths, you are there.

Matthew 28:20   and teaching them to obey everything I have commanded you. And surely I am with you always, to the very end of the age."

Colossians 1:17   He is before all things, and in him all things hold together.

Jeremiah 23:24   Can anyone hide in secret places so that I cannot see him?" declares the LORD. "Do not I fill heaven and earth?" declares the LORD.

Hebrews 13:5   Keep your lives free from the love of money and be content with what you have, because God has said, "Never will I leave you; never will I forsake you."

Deuteronomy 32:10   In a desert land he found him, in a barren and howling waste. He shielded him and cared for him; he guarded him as the apple of his eye,

♥ **Confession** (2-3mins) – When we are living in sin, God does not hear our prayers. We want to take this time to pray and confess our sins in silence(2-3mins). Your Word tells us that if we confess our sins, You are faithful and righteous to forgive us our sins and to cleanse us from all unrighteousness. We believe that our sins have been washed clean by the blood of Christ. Sovereign Lord, fill us with your Holy Spirit. Amen!

♥ **Thanksgiving** (5-8mins) – **Thanking God for What He has done**(Please, no prayer requests during this time.).

Child: Child:
_____   _____
_____   _____
_____   _____
_____   _____

♥ **Intercession**(30-40mins) – (Conversational one accord prayer is always short, simple and specific.)

① **Our Own Children**

♡ **Scripture prayer for ○○.**

In a desert land You found _____, in a barren and howling waste. You shielded _____ and cared for _____; You guarded _____ as the apple of Your eye (Deuteronomy 32:10).

Expanded scripture prayer

♡ **Let's pray for ○○ specifically.**

Child:	Child:

② **Teachers/Staff**

Christian teacher: I keep asking that the God of our Lord Jesus Christ, the glorious Father, may give _____ (insert teacher's name) the Spirit of wisdom and revelation, so that they may know him better. I pray also that the eyes of _____'s heart may be enlightened in order that they _____ may know the hope to which he has called _____, the riches of his glorious inheritance in the saints(Ephesians 1:17-18).

Non-christian teacher: Open _____'s (insert teacher's name) eyes and turn _____ from darkness to light, and from the power of Satan to God, so that _____ may receive forgiveness of sins and a place among those who are sanctified by faith in Jesus(Acts 26:18).

Specific Request: _____

③ **School Concerns** _____

④ **Sunday School Teacher** _____

⑤ **Sunday School Concerns** _____

⑥ **Pray for MIP Korea**(Print the monthly calendar from www.mip.or.kr and pray for each week's requests.)

♥ **Finish** – **We give praise and glory to You, our Father in heaven who listens our prayers. In Jesus' name we pray, Amen!**

♥ Remember, what is prayed in the group, stays in the group!!

15주 ♥ 영원하신 하나님

한국 기도하는 엄마들 •날짜: 20___년 ___월 ___일 (___요일) ___시

♥ **찬양**(8-10분) – 이제 **영원하신 하나님**을 선포하고 찬양하겠습니다(하나님의 속성, 이름, 성품으로 하나님을 찬양하십시오. 이 시간은 기도 응답이나 기도 제목을 나누는 시간이 아닙니다. 찬양만 하십시오.).

하나님은 영원하십니다. 하나님이 존재하지 않으셨던 때는 결코 없습니다. 하나님은 시간의 제약을 받지 않으십니다. 그분은 항상 살아 계셔서 현재처럼 분명하게 우리의 과거와 미래를 보고 계십니다. 하나님은 언제나 영원히 우리와 함께하시는 분이십니다. 우리가 의뢰할 반석이 되시는 영원하신 하나님과 영원한 기쁨을 누립시다.

- 출 3:14-15 하나님이 모세에게 이르시되 나는 스스로 있는 자이니라 또 이르시되 너는 이스라엘 자손에게 이같이 이르기를 스스로 있는 자가 나를 너희에게 보내셨다 하라 하나님이 또 모세에게 이르시되 너는 이스라엘 자손에게 이같이 이르기를 너희 조상의 하나님 여호와 곧 아브라함의 하나님, 이삭의 하나님, 야곱의 하나님께서 나를 너희에게 보내셨다 하라 이는 나의 영원한 이름이요 대대로 기억할 나의 칭호니라

- 신 33:27 영원하신 하나님이 네 처소가 되시니 그의 영원하신 팔이 네 아래에 있도다 그가 네 앞에서 대적을 쫓으시며 멸하라 하시도다

- 시 90:1-2 주여 주는 대대에 우리의 거처가 되셨나이다 산이 생기기 전, 땅과 세계도 주께서 조성하시기 전 곧 영원부터 영원까지 주는 하나님이시니이다

- 시 48:14 이 하나님은 영원히 우리 하나님이시니 그가 우리를 죽을 때까지 인도하시리로다

- 시 93:5 여호와여 주의 증거들이 매우 확실하고 거룩함이 주의 집에 합당하니 여호와는 영원무궁하시리이다

- 사 26:4 너희는 여호와를 영원히 신뢰하라 주 여호와는 영원한 반석이심이로다

♥ **고백**(2-3분) – 우리가 죄를 품고 있으면 하나님은 우리 기도를 듣지 않으십니다.
이 시간은 조용히 침묵하는 가운데 우리의 죄를 고백하는 기도를 하겠습니다. (2-3분 후)
만일 우리가 우리 죄를 자백하면 하나님께서는 신실하시고 의로우심으로 우리 죄를 용서하시고 모든 불의에서 우리를 깨끗케 하신다고 하신 말씀대로 우리의 죄가 그리스도의 보혈로 깨끗하게 씻겨졌음을 믿습니다. 이제 우리를 온전히 다스리시고, 성령으로 충만케 하여 주시옵소서. 아멘!

♥ **감사**(5-8분) – 이제 기도 응답에 대하여 하나님께 감사기도를 드리겠습니다(이 시간에 간구는 하지 않습니다.).

자녀 이름: 자녀 이름:

♥ **중보 (30-40분)** – (대화식 합심기도는 언제나 짧고 Short, 간단하게 Simple, 구체적으로 Specific 합니다.)

① 이제 우리 자녀를 위해 중보기도하겠습니다.

♡ 먼저 ○○를 위해 성구기도하겠습니다.

　　_____가 영원한 반석이신 여호와를 영원히 신뢰하게 하소서(사 26:4).
　　하나님은 영원히 _____의 하나님이시니 그를 죽을 때까지 인도하소서(시 48:14).

성구 확장 기도

♡ ○○를 위해 구체적인 기도를 하겠습니다.

자녀 이름:	자녀 이름:

② 학교 선생님을 위해 기도하겠습니다.

신자일 때: 우리 주 예수 그리스도의 하나님이신 영광의 아버지께서 지혜와 계시의 영을 _____ 선생님에게 주셔서 하나님을 더 깊이 알게 하시고, _____ 선생님의 마음의 눈을 밝혀 주셔서 교사로 부르심의 소망이 무엇인지 알게 하여 주소서(엡 1:17-18).

불신자일 때: _____ 선생님의 눈을 뜨게 하셔서 어둠에서 빛으로, 사탄의 권세에서 하나님께로 돌아오게 하시고 죄 사함과 예수를 믿어 거룩하게 된 무리 가운데서 기업을 얻게 하소서(행 26:18).

구체적인 기도 제목: _____

③ 학교를 위해 기도하겠습니다. _____

④ 주일학교 선생님을 위해 기도하겠습니다. _____

⑤ 주일학교 주요 사안(주일학교 부서)을 위해 기도하겠습니다. _____

⑥ 기도하는 엄마들 사역을 위해 기도달력으로 기도하겠습니다(당월 기도달력을 홈페이지에서 다운받아 모일 때마다 한 주 분씩 기도해 주십시오. **www.mip.or.kr**).

♥ **마무리** – 오늘도 우리의 기도를 들으시는 하나님께 감사와 영광을 올려드리며 예수님의 이름으로 기도드립니다. 아멘!

♥ 모임 내에서 기도한 내용은 모임 안에 남아야 함을 잊지 마십시오!!

Week 15 ♥ God is Everlasting

• Date: _____

♥ **Praise** (8-10mins) – **Let's declare that God is everlasting**(Praising God for who He is, His attributes, His name and His character. Please no answers to prayers or prayer requests during this time.).

God is everlasting. There was never a time when He did not exist. God is not limited by time. He is always alive and He sees the past and future as clearly as the present. God is with us always and forever. I hope all of us enjoy eternal joy with our everlasting God who is the rock we lean on.

Exodus 3:14-15	God said to Moses, "I am who I am . This is what you are to say to the Israelites: 'I AM has sent me to you.'" God also said to Moses, "Say to the Israelites, 'The LORD, the God of your fathers--the God of Abraham, the God of Isaac and the God of Jacob--has sent me to you.' This is my name forever, the name by which I am to be remembered from generation to generation.
Deuteronomy 33:27	The eternal God is your refuge, and underneath are the everlasting arms. He will drive out your enemy before you, saying, 'Destroy him!'
Psalms 90:1-2	Lord, you have been our dwelling place throughout all generations. Before the mountains were born or you brought forth the earth and the world, from everlasting to everlasting you are God.
Psalms 48:14	For this God is our God for ever and ever; he will be our guide even to the end.
Psalms 93:5	Your statutes stand firm; holiness adorns your house for endless days, O LORD.
Isaiah 26:4	Trust in the LORD forever, for the LORD, the LORD, is the Rock eternal.

♥ **Confession** (2-3mins) – When we are living in sin, God does not hear our prayers. We want to take this time to pray and confess our sins in silence(2-3mins). Your Word tells us that if we confess our sins, You are faithful and righteous to forgive us our sins and to cleanse us from all unrighteousness. We believe that our sins have been washed clean by the blood of Christ. Sovereign Lord, fill us with your Holy Spirit. Amen!

♥ **Thanksgiving** (5-8mins) – **Thanking God for What He has done**(Please, no prayer requests during this time.).

Child:	Child:

♥ **Intercession**(30-40mins) – (Conversational one accord prayer is always short, simple and specific.)

① **Our Own Children**

♡ **Scripture prayer for ○○.**

Everlasting God, help _____ to trust in the LORD forever, for the LORD, the LORD, is the Rock eternal (Isaiah 26:4).

For this God is _____'s God forever and ever; he will be _____'s guide even to the end (Psalms 48:14).

Expanded scripture prayer

♡ **Let's pray for ○○ specifically.**

Child:	Child:

② **Teachers/Staff**

Christian teacher: I keep asking that the God of our Lord Jesus Christ, the glorious Father, may give _____ (insert teacher's name) the Spirit of wisdom and revelation, so that they may know him better. I pray also that the eyes of _____'s heart may be enlightened in order that they _____ may know the hope to which he has called _____, the riches of his glorious inheritance in the saints(Ephesians 1:17-18).

Non-christian teacher: Open _____'s (insert teacher's name) eyes and turn _____ from darkness to light, and from the power of Satan to God, so that _____ may receive forgiveness of sins and a place among those who are sanctified by faith in Jesus(Acts 26:18).

Specific Request: _____

③ **School Concerns** _____

④ **Sunday School Teacher** _____

⑤ **Sunday School Concerns** _____

⑥ **Pray for MIP Korea**(Print the monthly calendar from **www.mip.or.kr** and pray for each week's requests.)

♥ **Finish** – **We give praise and glory to You, our Father in heaven who listens our prayers. In Jesus' name we pray, Amen!**

♥ Remember, what is prayed in the group, stays in the group!!

16주 ♥ 불변자 하나님

한국 기도하는 엄마들   • 날짜: 20___년 ___월 ___일 (___요일) ___시

♥ **찬양(8-10분)** – 이제 **불변자 하나님을 선포하고 찬양하겠습니다**(하나님의 속성, 이름, 성품으로 하나님을 찬양하십시오. 이 시간은 기도 응답이나 기도 제목을 나누는 시간이 아닙니다. 찬양만 하십시오.).

각양 좋은 은사와 온전한 선물을 주시는 하나님 아버지는 변함이 없으십니다. 내가 이제까지 믿었던 사람도 오늘 변할 수 있습니다. 그러나 우리 하나님은 어제나 오늘이나 영원토록 동일한 분입니다. 풀은 마르고 꽃은 시들지라도 영원히 변함없으신 하나님을 신뢰합시다. 거짓 없고 변함없는 하나님의 말씀을 믿음으로 붙듭시다.

민 23:19   하나님은 사람이 아니시니 거짓말을 하지 않으시고 인생이 아니시니 후회가 없으시도다 어찌 그 말씀하신 바를 행하지 않으시며 하신 말씀을 실행하지 않으시랴

삼상 15:29   이스라엘의 지존자는 거짓이나 변개함이 없으시니 그는 사람이 아니시므로 결코 변개하지 않으심이니이다 하니

시 102:26-27   천지는 없어지려니와 주는 영존하시겠고 그것들은 다 옷 같이 낡으리니 의복 같이 바꾸시면 바뀌려니와 주는 한결같으시고 주의 연대는 무궁하리이다

사 40:8   풀은 마르고 꽃은 시드나 우리 하나님의 말씀은 영원히 서리라 하라

말 3:6   나 여호와는 변하지 아니하나니 그러므로 야곱의 자손들아 너희가 소멸되지 아니하느니라

히 13:8   예수 그리스도는 어제나 오늘이나 영원토록 동일하시니라

약 1:17   온갖 좋은 은사와 온전한 선물이 다 위로부터 빛들의 아버지께로부터 내려오나니 그는 변함도 없으시고 회전하는 그림자도 없으시니라

♥ **고백(2-3분)** – 우리가 죄를 품고 있으면 하나님은 우리 기도를 듣지 않으십니다.
이 시간은 조용히 침묵하는 가운데 우리의 죄를 고백하는 기도를 하겠습니다. (2-3분 후)
만일 우리가 우리 죄를 자백하면 하나님께서는 신실하시고 의로우심으로 우리 죄를 용서하시고 모든 불의에서 우리를 깨끗게 하신다고 하신 말씀대로 우리의 죄가 그리스도의 보혈로 깨끗하게 씻겨졌음을 믿습니다. 이제 우리를 온전히 다스리시고, 성령으로 충만케 하여 주시옵소서. 아멘!

♥ **감사(5-8분)** – 이제 기도 응답에 대하여 하나님께 감사기도를 드리겠습니다(이 시간에 간구는 하지 않습니다.).

자녀 이름: 자녀 이름:

♥ **중보(30-40분)** – (대화식 합심기도는 언제나 짧고 Short, 간단하게 Simple, 구체적으로 Specific 합니다.)

① **이제 우리 자녀를 위해 중보기도하겠습니다.**

♡ **먼저 ○○를 위해 성구기도하겠습니다.**

온갖 좋은 은사와 온전한 선물이 다 위로부터 빛들의 아버지께로부터 내려옵니다. 아버지는 변함도 없으시고 회전하는 그림자도 없으심을 _____가 알게 하소서(약 1:17).

성구 확장 기도

♡ **○○를 위해 구체적인 기도를 하겠습니다.**

자녀 이름:	자녀 이름:

② **학교 선생님을 위해 기도하겠습니다.**

신자일 때: 우리 주 예수 그리스도의 하나님이신 영광의 아버지께서 지혜와 계시의 영을 _____ 선생님에게 주셔서 하나님을 더 깊이 알게 하시고, _____ 선생님의 마음의 눈을 밝혀 주셔서 교사로 부르심의 소망이 무엇인지 알게 하여 주소서(엡 1:17-18).

불신자일 때: _____ 선생님의 눈을 뜨게 하셔서 어둠에서 빛으로, 사탄의 권세에서 하나님께로 돌아오게 하시고 죄 사함과 예수를 믿어 거룩하게 된 무리 가운데서 기업을 얻게 하소서(행 26:18).

구체적인 기도 제목: _____

③ **학교를 위해 기도하겠습니다.** _____

④ **주일학교 선생님을 위해 기도하겠습니다.** _____

⑤ **주일학교 주요 사안(주일학교 부서)을 위해 기도하겠습니다.** _____

⑥ **기도하는 엄마들 사역을 위해 기도달력으로 기도하겠습니다**(당월 기도달력을 홈페이지에서 다운받아 모일 때마다 한 주 분씩 기도해 주십시오. www.mip.or.kr).

♥ **마무리** – 오늘도 우리의 기도를 들으시는 하나님께 감사와 영광을 올려드리며 예수님의 이름으로 기도드립니다. 아멘!

♥ 모임 내에서 기도한 내용은 모임 안에 남아야 함을 잊지 마십시오!!

Week 16 ♥ God is Unchanging

• Date: _____

♥ **Praise** (8-10mins) – **Let's declare that God is unchanging**(Praising God for who He is, His attributes, His name and His character. Please no answers to prayers or prayer requests during this time.).

God, our Father, who gives us many great gifts is unchanging. The hearts of people we trusted yesterday may change today, but our God is the same yesterday, today and forever. The grass dries out and flowers wither, but we must take root in His eternally unchanging Word. No matter what kind of worldly trouble may come our way, we who are in the unchanging God will never stumble.

Numbers 23:19	God is not a man, that he should lie, nor a son of man, that he should change his mind. Does he speak and then not act? Does he promise and not fulfill?
1Samuel 15:29	He who is the Glory of Israel does not lie or change his mind; for he is not a man, that he should change his mind."
Psalms 102:26-27	They will perish, but you remain; they will all wear out like a garment. Like clothing you will change them and they will be discarded. But you remain the same, and your years will never end.
Isaiah 40:8	The grass withers and the flowers fall, but the word of our God stands forever."
Malachi 3:6	"I the LORD do not change. So you, O descendants of Jacob, are not destroyed.
Hebrews 13:8	Jesus Christ is the same yesterday and today and forever.
James 1:17	Every good and perfect gift is from above, coming down from the Father of the heavenly lights, who does not change like shifting shadows.

♥ **Confession** (2-3mins) – **When we are living in sin, God does not hear our prayers. We want to take this time to pray and confess our sins in silence(2-3mins). Your Word tells us that if we confess our sins, You are faithful and righteous to forgive us our sins and to cleanse us from all unrighteousness. We believe that our sins have been washed clean by the blood of Christ. Sovereign Lord, fill us with your Holy Spirit. Amen!**

♥ **Thanksgiving** (5-8mins) – **Thanking God for What He has done**(Please, no prayer requests during this time.).

Child: _____   Child: _____

♥ **Intercession**(30-40mins) – (Conversational one accord prayer is always short, simple and specific.)

① **Our Own Children**

♡ **Scripture prayer for ○○.**

Unchanging God, let _____ know that every good and perfect gift is from above, coming down from the Father of the heavenly lights, who does not change like shifting shadows (James 1:17).

Expanded scripture prayer

♡ **Let's pray for ○○ specifically.**

Child:	Child:

② **Teachers/Staff**

Christian teacher: I keep asking that the God of our Lord Jesus Christ, the glorious Father, may give _____ (insert teacher's name) the Spirit of wisdom and revelation, so that they may know him better. I pray also that the eyes of _____'s heart may be enlightened in order that they _____ may know the hope to which he has called _____, the riches of his glorious inheritance in the saints(Ephesians 1:17-18).

Non-christian teacher: Open _____'s (insert teacher's name) eyes and turn _____ from darkness to light, and from the power of Satan to God, so that _____ may receive forgiveness of sins and a place among those who are sanctified by faith in Jesus(Acts 26:18).

Specific Request: _____

③ **School Concerns** _____

④ **Sunday School Teacher** _____

⑤ **Sunday School Concerns** _____

⑥ **Pray for MIP Korea**(Print the monthly calendar from **www.mip.or.kr** and pray for each week's requests.)

♥ **Finish** – **We give praise and glory to You, our Father in heaven who listens our prayers. In Jesus' name we pray, Amen!**

♥ Remember, what is prayed in the group, stays in the group!!

Week 16 ♥ God is Unchanging

기도하는 엄마들 **한영기도일지 ❶**

_____ 년 _____ 월 MIP 기도달력

♥ MEMO ♥

17주 ♥ 공의로우신 하나님

한국 기도하는 엄마들　　　　　　　　　　• 날짜: 20____년 ____월 ____일 (____요일) ____시

♥ **찬양 (8-10분)** – 이제 **공의로우신 하나님**을 선포하고 찬양하겠습니다(하나님의 속성, 이름, 성품으로 하나님을 찬양하십시오. 이 시간은 기도 응답이나 기도 제목을 나누는 시간이 아닙니다. 찬양만 하십시오.).

공의로우신 하나님은 공의로 세계를 심판하시는 분입니다. 그분 앞에서는 그 어떤 교묘한 속임수도 통하지 않습니다. 불공정한 상황에 처해 있을 때 공의로우신 하나님께 나아간다면, 하나님은 정직한 자의 마음을 아시고 주님의 때에 공의롭게 해결해 주실 겁니다. 때로 불의로 가득한 이 세상에서 의롭게 사는 것이 어렵다고 여겨질 때, 불의함도 없으시고 치우침도 없으시고 뇌물을 받는 일도 없으신 공의의 재판장이신 하나님을 믿음으로 바라봅시다.

신 32:4　　그는 반석이시니 그가 하신 일이 완전하고 그의 모든 길이 정의롭고 진실하고 거짓이 없으신 하나님이시니 공의로우시고 바르시도다

대하 19:7　　그런즉 너희는 여호와를 두려워하는 마음으로 삼가 행하라 우리의 하나님 여호와께서는 불의함도 없으시고 치우침도 없으시고 뇌물을 받는 일도 없으시니라 하니라

시 119:137-138　여호와여 주는 의로우시고 주의 판단은 옳으니이다 주께서 명령하신 증거들은 의롭고 지극히 성실하니이다

시 145:17　　여호와께서는 그 모든 행위에 의로우시며 그 모든 일에 은혜로우시도다

사 30:18　　그러나 여호와께서 기다리시나니 이는 너희에게 은혜를 베풀려 하심이요 일어나시리니 이는 너희를 긍휼히 여기려 하심이라 대저 여호와는 정의의 하나님이심이라 그를 기다리는 자마다 복이 있도다

♥ **고백 (2-3분)** – 우리가 죄를 품고 있으면 하나님은 우리 기도를 듣지 않으십니다.
이 시간은 조용히 침묵하는 가운데 우리의 죄를 고백하는 기도를 하겠습니다. (2-3분 후)
만일 우리가 우리 죄를 자백하면 하나님께서는 신실하시고 의로우심으로 우리 죄를 용서하시고 모든 불의에서 우리를 깨끗게 하신다고 하신 말씀대로 우리의 죄가 그리스도의 보혈로 깨끗하게 씻겨졌음을 믿습니다. 이제 우리를 온전히 다스리시고, 성령으로 충만케 하여 주시옵소서. 아멘!

♥ **감사 (5-8분)** – 이제 기도 응답에 대하여 하나님께 감사기도를 드리겠습니다(이 시간에 간구는 하지 않습니다.).

자녀 이름:　　　　　　　　　　　　　　자녀 이름:

♥ **중보 (30-40분)** – (대화식 합심기도는 언제나 짧고 Short, 간단하게 Simple, 구체적으로 Specific 합니다.)

① 이제 우리 자녀를 위해 중보기도하겠습니다.

♡ 먼저 ○○를 위해 성구기도하겠습니다.

여호와는 정의의 하나님이시며 하나님을 기다리는 자마다 복이 있다고 하셨으니, _____가 정직하여 정의의 하나님을 기다리는 복을 평생 충만히 누리게 하소서(사 30:18).

성구 확장 기도

♡ ○○를 위해 구체적인 기도를 하겠습니다.

자녀 이름:	자녀 이름:

② 학교 선생님을 위해 기도하겠습니다.

신자일 때: 우리 주 예수 그리스도의 하나님이신 영광의 아버지께서 지혜와 계시의 영을 _____ 선생님에게 주셔서 하나님을 더 깊이 알게 하시고, _____ 선생님의 마음의 눈을 밝혀 주셔서 교사로 부르심의 소망이 무엇인지 알게 하여 주소서(엡 1:17-18).

불신자일 때: _____ 선생님의 눈을 뜨게 하셔서 어둠에서 빛으로, 사탄의 권세에서 하나님께로 돌아오게 하시고 죄 사함과 예수를 믿어 거룩하게 된 무리 가운데서 기업을 얻게 하소서(행 26:18).

구체적인 기도 제목: _____

③ 학교를 위해 기도하겠습니다. _____

④ 주일학교 선생님을 위해 기도하겠습니다. _____

⑤ 주일학교 주요 사안(주일학교 부서)을 위해 기도하겠습니다. _____

⑥ 기도하는 엄마들 사역을 위해 기도달력으로 기도하겠습니다(당월 기도달력을 홈페이지에서 다운받아 모일 때마다 한 주 분씩 기도해 주십시오. www.mip.or.kr).

♥ **마무리** – 오늘도 우리의 기도를 들으시는 하나님께 감사와 영광을 올려드리며 예수님의 이름으로 기도드립니다. 아멘!

♥ 모임 내에서 기도한 내용은 모임 안에 남아야 함을 잊지 마십시오!!

Week 17 ♥ God is Righteous

• Date: _____

♥ **Praise** (8-10mins) – **Let's declare that God is righteous**(Praising God for who He is, His attributes, His name and His character. Please no answers to prayers or prayer requests during this time.).

God is the one who judges the world with His righteousness. No cunning deceit can work before God. If you turn to our righteous God when you are in an unfair situation, God knows the heart of the honest and solve problems righteously in the Lord's time. When it seems difficult to live righteously in a world filled with injustice, let us lift our eyes to God with faith, our righteous Judge, who is free from injustice, partiality, and bribery.

Deuteronomy 32:4　He is the Rock, his works are perfect, and all his ways are just. A faithful God who does no wrong, upright and just is he.

2Chronicles 19:7　Now let the fear of the LORD be upon you. Judge carefully, for with the LORD our God there is no injustice or partiality or bribery."

Psalms 119:137-138　Righteous are you, O LORD, and your laws are right. The statutes you have laid down are righteous; they are fully trustworthy.

Psalms 145:17　The LORD is righteous in all his ways and loving toward all he has made.

Isaiah 30:18　Yet the LORD longs to be gracious to you; he rises to show you compassion. For the LORD is a God of justice. Blessed are all who wait for him!

♥ **Confession** (2-3mins) – **When we are living in sin, God does not hear our prayers. We want to take this time to pray and confess our sins in silence(2-3mins). Your Word tells us that if we confess our sins, You are faithful and righteous to forgive us our sins and to cleanse us from all unrighteousness. We believe that our sins have been washed clean by the blood of Christ. Sovereign Lord, fill us with your Holy Spirit. Amen!**

♥ **Thanksgiving** (5-8mins) – **Thanking God for What He has done**(Please, no prayer requests during this time.).

Child: _____　　Child: _____

_____　　_____

_____　　_____

_____　　_____

_____　　_____

♥ **Intercession**(30-40mins) – (Conversational one accord prayer is always short, simple and specific.)

① **Our Own Children**

♡ **Scripture prayer for ○○.**

Lord, You teach us that You are a God of justice and that all who wait for You are blessed. Help _____ to be honest in Your eyes, and to know the abundant blessing that we can receive when we wait on You, the God of justice (Isaiah 30:18).

Expanded scripture prayer

♡ **Let's pray for ○○ specifically.**

Child:	Child:

② **Teachers/Staff**

Christian teacher: I keep asking that the God of our Lord Jesus Christ, the glorious Father, may give _____ (insert teacher's name) the Spirit of wisdom and revelation, so that they may know him better. I pray also that the eyes of _____'s heart may be enlightened in order that they _____ may know the hope to which he has called _____, the riches of his glorious inheritance in the saints(Ephesians 1:17-18).

Non-christian teacher: Open _____'s (insert teacher's name) eyes and turn _____ from darkness to light, and from the power of Satan to God, so that _____ may receive forgiveness of sins and a place among those who are sanctified by faith in Jesus(Acts 26:18).

Specific Request: _____

③ **School Concerns** _____

④ **Sunday School Teacher** _____

⑤ **Sunday School Concerns** _____

⑥ **Pray for MIP Korea**(Print the monthly calendar from **www.mip.or.kr** and pray for each week's requests.)

♥ **Finish** – **We give praise and glory to You, our Father in heaven who listens our prayers. In Jesus' name we pray, Amen!**

♥ Remember, what is prayed in the group, stays in the group!!

18주 ♥ 위엄의 하나님

한국 기도하는 엄마들　　　　　　　　　　• 날짜: 20____년 ____월 ____일 (____요일) ____시

♥ **찬양**(8-10분) – 이제 **위엄의 하나님**을 선포하고 **찬양하겠습니다**(하나님의 속성, 이름, 성품으로 하나님을 찬양하십시오. 이 시간은 기도 응답이나 기도 제목을 나누는 시간이 아닙니다. 찬양만 하십시오.).

예수님을 영접하여 거듭난 후 우리는 자신에게 생긴 삶의 변화들, 하나님께서 주신 축복, 기쁨, 평안 등을 누립니다. 말씀과 기도를 통하여 하나님을 더 깊이 알아가게 되면 하나님의 영광과 위대하심, 역사를 주관하시고 세상 만물을 통치하시는 하나님의 위엄을 찬양하는 것이 더 커다란 기쁨이 되는 것을 느낍니다. 우리의 소원을 아뢰는 것뿐 아니라, 믿음이 성장하면서 하나님의 성품과 하나님의 영광과 위엄을 찬양하게 되는 것입니다. 하나님은 위엄으로 옷 입고, 영광과 권능으로 나타나시며, 강한 손과 편 팔과 큰 위엄과 이적과 기사로 우리를 환난과 어려움 가운데서 건져 내시는 분이십니다.

출 15:11　　여호와여 신 중에 주와 같은 자가 누구니이까 주와 같이 거룩함으로 영광스러우며 찬송할 만한 위엄이 있으며 기이한 일을 행하는 자가 누구니이까

시 29:4　　여호와의 소리가 힘 있음이여 여호와의 소리가 위엄차도다

욥 25:2　　하나님은 주권과 위엄을 가지셨고 높은 곳에서 화평을 베푸시느니라

시 145:5　　주의 존귀하고 영광스러운 위엄과 주의 기이한 일들을 나는 작은 소리로 읊조리리이다

신 26:8　　여호와께서 강한 손과 편 팔과 큰 위엄과 이적과 기사로 우리를 애굽에서 인도하여 내시고

신 5:24　　말하되 우리 하나님 여호와께서 그의 영광과 위엄을 우리에게 보이시매 불 가운데에서 나오는 음성을 우리가 들었고 하나님이 사람과 말씀하시되 그 사람이 생존하는 것을 오늘 우리가 보았나이다

♥ **고백**(2-3분) – 우리가 죄를 품고 있으면 하나님은 우리 기도를 듣지 않으십니다.
이 시간은 조용히 침묵하는 가운데 우리의 죄를 고백하는 기도를 하겠습니다. (2-3분 후)
만일 우리가 우리 죄를 자백하면 하나님께서는 신실하시고 의로우심으로 우리 죄를 용서하시고 모든 불의에서 우리를 깨끗하게 하신다고 하신 말씀대로 우리의 죄가 그리스도의 보혈로 깨끗하게 씻겨졌음을 믿습니다. 이제 우리를 온전히 다스리시고, 성령으로 충만케 하여 주시옵소서. 아멘!

♥ **감사**(5-8분) – 이제 기도 응답에 대하여 하나님께 감사기도를 드리겠습니다(이 시간에 간구는 하지 않습니다.).

자녀 이름:　　　　　　　　　　　　　　　자녀 이름:

♥ **중보 (30-40분)** – (대화식 합심기도는 언제나 짧고 Short, 간단하게 Simple, 구체적으로 Specific 합니다.)

① 이제 우리 자녀를 위해 중보기도하겠습니다.

♡ 먼저 ○○를 위해 성구기도하겠습니다.

강한 손과 편 팔과 큰 위엄과 이적과 기사로 _____를 인도하여 주소서(신 26:8). 주의 존귀하고 영광스러운 위엄과 주의 기이한 일들을 _____가 작은 소리로 읊조리게 하소서(시 145:5).

성구 확장 기도

♡ ○○를 위해 구체적인 기도를 하겠습니다.

자녀 이름:	자녀 이름:

② 학교 선생님을 위해 기도하겠습니다.

신자일 때: 우리 주 예수 그리스도의 하나님이신 영광의 아버지께서 지혜와 계시의 영을 _____ 선생님에게 주셔서 하나님을 더 깊이 알게 하시고, _____ 선생님의 마음의 눈을 밝혀 주셔서 교사로 부르심의 소망이 무엇인지 알게 하여 주소서(엡 1:17-18).

불신자일 때: _____ 선생님의 눈을 뜨게 하셔서 어둠에서 빛으로, 사탄의 권세에서 하나님께로 돌아오게 하시고 죄 사함과 예수를 믿어 거룩하게 된 무리 가운데서 기업을 얻게 하소서(행 26:18).

구체적인 기도 제목: _____

③ 학교를 위해 기도하겠습니다. _____

④ 주일학교 선생님을 위해 기도하겠습니다. _____

⑤ 주일학교 주요 사안(주일학교 부서)을 위해 기도하겠습니다. _____

⑥ 기도하는 엄마들 사역을 위해 기도달력으로 기도하겠습니다(당월 기도달력을 홈페이지에서 다운받아 모일 때마다 한 주 분씩 기도해 주십시오. www.mip.or.kr).

♥ **마무리** – 오늘도 우리의 기도를 들으시는 하나님께 감사와 영광을 올려드리며 예수님의 이름으로 기도드립니다. 아멘!

♥ 모임 내에서 기도한 내용은 모임 안에 남아야 함을 잊지 마십시오!!

Week 18 ♥ God of Majesty

• Date: _____

♥ **Praise** (8-10mins) – **Let's declare that God is majestic**(Praising God for who He is, His attributes, His name and His character. Please no answers to prayers or prayer requests during this time.).

We praise God for all the changes we experience in our life after receiving the Lord as our Lord & Saviour, and for all the blessings, joy and peace God has given us. But as we learn more about God through His Word and prayer we feel it is even greater joy to praise God for His glory, His greatness, and His majesty as He is in charge of history and sovereign over the world. We are not just letting Him know our wishes, but praising God for His character, His glory and authority. God is the King of Kings and the Lord of Lords. He is clothed in majesty and shows Himself in glory and power. He delivers us from all troubles and difficulties with His strong hand, loving arms, great authority, signs and miracles. He sits on the throne as King over His chosen people and is the God of glory who rules over us.

Exodus 15:11	"Who among the gods is like you, O LORD? Who is like you-- majestic in holiness, awesome in glory, working wonders?
Psalms 29:4	The voice of the LORD is powerful; the voice of the LORD is majestic.
Job 25:2	"Dominion and awe belong to God; he establishes order in the heights of heaven.
Psalms 145:5	They will speak of the glorious splendor of your majesty, and I will meditate on your wonderful works.
Deuteronomy 26:8	So the LORD brought us out of Egypt with a mighty hand and an outstretched arm, with great terror and with miraculous signs and wonders.
Deuteronomy 5:24	And you said, "The LORD our God has shown us his glory and his majesty, and we have heard his voice from the fire. Today we have seen that a man can live even if God speaks with him.

♥ **Confession** (2-3mins) – **When we are living in sin, God does not hear our prayers. We want to take this time to pray and confess our sins in silence(2-3mins). Your Word tells us that if we confess our sins, You are faithful and righteous to forgive us our sins and to cleanse us from all unrighteousness. We believe that our sins have been washed clean by the blood of Christ. Sovereign Lord, fill us with your Holy Spirit. Amen!**

♥ **Thanksgiving** (5-8mins) – **Thanking God for What He has done**(Please, no prayer requests during this time.).

Child: _____   Child: _____

♥ **Intercession**(30-40mins) – (Conversational one accord prayer is always short, simple and specific.)

① **Our Own Children**

♡ **Scripture prayer for ○○.**

May God of majesty bring _____ out of bondage with a mighty hand and an outstretched arm, with great terror and with miraculous signs and wonders (Deuteronomy 26:8). _____ will speak of the glorious splendour of your majesty, and _____ will meditate on your wonderful works (Psalms 145:5).

Expanded scripture prayer

♡ **Let's pray for ○○ specifically.**

Child:	Child:

② **Teachers/Staff**

Christian teacher: I keep asking that the God of our Lord Jesus Christ, the glorious Father, may give _____ (insert teacher's name) the Spirit of wisdom and revelation, so that they may know him better. I pray also that the eyes of _____'s heart may be enlightened in order that they _____ may know the hope to which he has called _____, the riches of his glorious inheritance in the saints(Ephesians 1:17-18).

Non-christian teacher: Open _____'s (insert teacher's name) eyes and turn _____ from darkness to light, and from the power of Satan to God, so that _____ may receive forgiveness of sins and a place among those who are sanctified by faith in Jesus(Acts 26:18).

Specific Request: _____

③ **School Concerns** _____

④ **Sunday School Teacher** _____

⑤ **Sunday School Concerns** _____

⑥ **Pray for MIP Korea**(Print the monthly calendar from www.mip.or.kr and pray for each week's requests.)

♥ **Finish** – **We give praise and glory to You, our Father in heaven who listens our prayers. In Jesus' name we pray, Amen!**

♥ Remember, what is prayed in the group, stays in the group!!

19주 ♥ 창조주 하나님

한국 기도하는 엄마들 • 날짜: 20____년 ____월 ____일 (____요일) ____시

♥ **찬양** (8-10분) – 이제 창조주 하나님을 선포하고 찬양하겠습니다(하나님의 속성, 이름, 성품으로 하나님을 찬양하십시오. 이 시간은 기도 응답이나 기도 제목을 나누는 시간이 아닙니다. 찬양만 하십시오.).

하나님은 우리 각자를 특별한 목적을 가지고 창조하셨습니다. 우리는 하나님께 영광을 돌리기 위해 지은 바 된 하나님의 피조물입니다. 하나님에 의해, 하나님을 위하여 창조된 하나님의 걸작품입니다. 우리의 모든 삶은 하나님으로부터 시작되어 하나님께 돌아가게 됩니다. 나를 지으신 하나님의 목적과 계획을 발견하려고 노력해야 합니다. 우리의 삶은 우리의 것이 아니라 창조주 하나님의 것입니다.

창 1:1	태초에 하나님이 천지를 창조하시니라
창 1:27	하나님이 자기 형상 곧 하나님의 형상대로 사람을 창조하시되 남자와 여자를 창조하시고
시 33:6	여호와의 말씀으로 하늘이 지음이 되었으며 그 만상을 그의 입 기운으로 이루었도다
시 89:11	하늘이 주의 것이요 땅도 주의 것이라 세계와 그 중에 충만한 것을 주께서 건설하셨나이다
시 139:13	주께서 내 내장을 지으시며 나의 모태에서 나를 만드셨나이다
사 40:28	너는 알지 못하였느냐 듣지 못하였느냐 영원하신 하나님 여호와, 땅 끝까지 창조하신 이는 피곤하지 않으시며 곤비하지 않으시며 명철이 한이 없으시며
엡 2:10	우리는 그가 만드신 바라 그리스도 예수 안에서 선한 일을 위하여 지으심을 받은 자니 이 일은 하나님이 전에 예비하사 우리로 그 가운데서 행하게 하려 하심이니라

♥ **고백** (2-3분) – 우리가 죄를 품고 있으면 하나님은 우리 기도를 듣지 않으십니다.
이 시간은 조용히 침묵하는 가운데 우리의 죄를 고백하는 기도를 하겠습니다. (2-3분 후)
만일 우리가 우리 죄를 자백하면 하나님께서는 신실하시고 의로우심으로 우리 죄를 용서하시고 모든 불의에서 우리를 깨끗케 하신다고 하신 말씀대로 우리의 죄가 그리스도의 보혈로 깨끗하게 씻겨졌음을 믿습니다. 이제 우리를 온전히 다스리시고, 성령으로 충만케 하여 주시옵소서. 아멘!

♥ **감사** (5-8분) – 이제 기도 응답에 대하여 하나님께 감사기도를 드리겠습니다(이 시간에 간구는 하지 않습니다.).

자녀 이름:	자녀 이름:

♥ **중보 (30-40분)** – (대화식 합심기도는 언제나 짧고 Short, 간단하게 Simple, 구체적으로 Specific 합니다.)

① **이제 우리 자녀를 위해 중보기도하겠습니다.**

♡ **먼저 ○○를 위해 성구기도하겠습니다.**

_____는 그리스도 예수 안에서 선한 일을 위하여 지으심을 받은 자입니다. 그러니 하나님께서 _____가 그 가운데서 행하게 도우소서(엡 2:10).

성구 확장 기도

♡ **○○를 위해 구체적인 기도를 하겠습니다.**

자녀 이름:	자녀 이름:

② **학교 선생님을 위해 기도하겠습니다.**

신자일 때: 우리 주 예수 그리스도의 하나님이신 영광의 아버지께서 지혜와 계시의 영을 _____ 선생님에게 주셔서 하나님을 더 깊이 알게 하시고, _____ 선생님의 마음의 눈을 밝혀 주셔서 교사로 부르심의 소망이 무엇인지 알게 하여 주소서(엡 1:17-18).

불신자일 때: _____ 선생님의 눈을 뜨게 하셔서 어둠에서 빛으로, 사탄의 권세에서 하나님께로 돌아오게 하시고 죄 사함과 예수를 믿어 거룩하게 된 무리 가운데서 기업을 얻게 하소서(행 26:18).

구체적인 기도 제목: _____

③ **학교를 위해 기도하겠습니다.** _____

④ **주일학교 선생님을 위해 기도하겠습니다.** _____

⑤ **주일학교 주요 사안(주일학교 부서)을 위해 기도하겠습니다.** _____

⑥ **기도하는 엄마들 사역을 위해 기도달력으로 기도하겠습니다**(당월 기도달력을 홈페이지에서 다운받아 모일 때마다 한 주 분씩 기도해 주십시오. **www.mip.or.kr**).

♥ **마무리** – 오늘도 우리의 기도를 들으시는 하나님께 감사와 영광을 올려드리며 예수님의 이름으로 기도드립니다. 아멘!

♥ 모임 내에서 기도한 내용은 모임 안에 남아야 함을 잊지 마십시오!!

Week 19 ♥ The Creator

• Date:_____

♥ **Praise** (8-10mins) – **Let's declare that God is the creator**(Praising God for who He is, His attributes, His name and His character. Please no answers to prayers or prayer requests during this time.).

God created us with a special purpose. We are God's creation made to glorify Him through our lives. We are God's masterpiece made for God. Therefore all of our lives must begin with God. We need to make every effort to find out God's purpose and plan for our lives. Our lives do not belong to us. They belong to our Creator.

Genesis 1:1	In the beginning God created the heavens and the earth.
Genesis 1:27	So God created man in his own image, in the image of God he created him; male and female he created them.
Psalms 33:6	By the word of the LORD were the heavens made, their starry host by the breath of his mouth.
Psalms 89:11	The heavens are yours, and yours also the earth; you founded the world and all that is in it.
Psalms 139:13	For you created my inmost being; you knit me together in my mother's womb.
Isaiah 40:28	Do you not know? Have you not heard? The LORD is the everlasting God, the Creator of the ends of the earth. He will not grow tired or weary, and his understanding no one can fathom.
Ephesians 2:10	For we are God's workmanship, created in Christ Jesus to do good works, which God prepared in advance for us to do.

♥ **Confession** (2-3mins) – **When we are living in sin, God does not hear our prayers. We want to take this time to pray and confess our sins in silence(2-3mins). Your Word tells us that if we confess our sins, You are faithful and righteous to forgive us our sins and to cleanse us from all unrighteousness. We believe that our sins have been washed clean by the blood of Christ. Sovereign Lord, fill us with your Holy Spirit. Amen!**

♥ **Thanksgiving** (5-8mins) – **Thanking God for What He has done**(Please, no prayer requests during this time.).

Child: _____ Child: _____

♥ **Intercession**(30-40mins) — (Conversational one accord prayer is always short, simple and specific.)

① **Our Own Children**

♡ **Scripture prayer for ○○.**

For _____ is God's workmanship, created in Christ Jesus to do good works, which God prepared in advance for _____ to do (Ephesians 2:10).

Expanded scripture prayer

♡ **Let's pray for ○○ specifically.**

Child:	Child:

② **Teachers/Staff**

Christian teacher: I keep asking that the God of our Lord Jesus Christ, the glorious Father, may give _____(insert teacher's name) the Spirit of wisdom and revelation, so that they may know him better. I pray also that the eyes of _____'s heart may be enlightened in order that they _____ may know the hope to which he has called _____, the riches of his glorious inheritance in the saints(Ephesians 1:17-18).

Non-christian teacher: Open _____'s (insert teacher's name) eyes and turn _____ from darkness to light, and from the power of Satan to God, so that _____ may receive forgiveness of sins and a place among those who are sanctified by faith in Jesus(Acts 26:18).

Specific Request: _____

③ **School Concerns** _____

④ **Sunday School Teacher** _____

⑤ **Sunday School Concerns** _____

⑥ **Pray for MIP Korea**(Print the monthly calendar from **www.mip.or.kr** and pray for each week's requests.)

♥ **Finish** — **We give praise and glory to You, our Father in heaven who listens our prayers. In Jesus' name we pray, Amen!**

♥ Remember, what is prayed in the group, stays in the group!!

20주 ♥ 왕이신 하나님

한국 기도하는 엄마들 ・날짜: 20____년 ____월 ____일 (____요일) ____시

♥ **찬양** (8-10분) – 이제 **왕이신 하나님**을 선포하고 **찬양하겠습니다**(하나님의 속성, 이름, 성품으로 하나님을 찬양하십시오. 이 시간은 기도 응답이나 기도 제목을 나누는 시간이 아닙니다. 찬양만 하십시오.).

우리는 결코 사라지지 않는 왕국의 왕을 섬기고 있습니다. 우리의 통치자는 사리사욕을 취하기 위해 백성을 부리거나 속이거나 착취하지 않습니다. 우리 왕은 한없는 사랑과 희생과 권위로 백성을 다스리십니다. 우리 왕은 계획하신 것을 못 이루실 것이 없습니다(욥 42:2). 우리 왕은 우리를 너무도 사랑하시기에, 우리 위해 대신 죽으시사 우리를 흑암의 권세에서 건져 내사 그의 빛의 나라로 옮기셨습니다(골 1:13). 우리의 충성은 우리의 왕께만 드려야 합니다. 불행하게도 우리는 우리 자신과 가족과 명예와 권세와 재물 등을 섬기느라 바빠서, 예수께서 목숨값을 지불하여 우리를 하나님 아버지 나라로 옮기신 사실을 종종 잊고 삽니다. 그래서 혼란 가운데 헤맵니다. 이제 만왕의 왕이신 우리 왕께 조용히 무릎 꿇고 겸손한 마음으로 왕이신 하나님을 찬양합시다.

시 24:7-8 문들아 너희 머리를 들지어다 영원한 문들아 들릴지어다 영광의 왕이 들어가시리로다 영광의 왕이 누구시냐 강하고 능한 여호와시요 전쟁에 능한 여호와시로다

시 44:4 하나님이여 주는 나의 왕이시니 야곱에게 구원을 베푸소서

렘 10:10 오직 여호와는 참 하나님이시요 살아 계신 하나님이시요 영원한 왕이시라 그 진노하심에 땅이 진동하며 그 분노하심을 이방이 능히 당하지 못하느니라

딤전 6:15 기약이 이르면 하나님이 그의 나타나심을 보이시리니 하나님은 복되시고 유일하신 주권자이시며 만왕의 왕이시며 만주의 주시요

시 47:7 하나님은 온 땅의 왕이심이라 지혜의 시로 찬송할지어다

시 145:1 왕이신 나의 하나님이여 내가 주를 높이고 영원히 주의 이름을 송축하리이다

♥ **고백** (2-3분) – 우리가 죄를 품고 있으면 하나님은 우리 기도를 듣지 않으십니다.
이 시간은 조용히 침묵하는 가운데 우리의 죄를 고백하는 기도를 하겠습니다. (2-3분 후)
만일 우리가 우리 죄를 자백하면 하나님께서는 신실하시고 의로우심으로 우리 죄를 용서하시고 모든 불의에서 우리를 깨끗케 하신다고 하신 말씀대로 우리의 죄가 그리스도의 보혈로 깨끗하게 씻겨졌음을 믿습니다. 이제 우리를 온전히 다스리시고, 성령으로 충만케 하여 주시옵소서. 아멘!

♥ **감사** (5-8분) – 이제 기도 응답에 대하여 하나님께 감사기도를 드리겠습니다(이 시간에 간구는 하지 않습니다.).

자녀 이름: 자녀 이름:

♥ **중보(30-40분)** – (대화식 합심기도는 언제나 짧고 Short, 간단하게 Simple, 구체적으로 Specific 합니다.)

① 이제 우리 자녀를 위해 중보기도하겠습니다.

♡ 먼저 ○○를 위해 성구기도하겠습니다.

_____의 왕이신 하나님, _____가 주를 높이고 영원히 주의 이름을 송축하게 하소서(시 145:1).

성구 확장 기도

♡ ○○를 위해 구체적인 기도를 하겠습니다.

자녀 이름:	자녀 이름:

② 학교 선생님을 위해 기도하겠습니다.

신자일 때: 우리 주 예수 그리스도의 하나님이신 영광의 아버지께서 지혜와 계시의 영을 _____ 선생님에게 주셔서 하나님을 더 깊이 알게 하시고, _____ 선생님의 마음의 눈을 밝혀 주셔서 교사로 부르심의 소망이 무엇인지 알게 하여 주소서(엡 1:17-18).

불신자일 때: _____ 선생님의 눈을 뜨게 하셔서 어둠에서 빛으로, 사탄의 권세에서 하나님께로 돌아오게 하시고 죄 사함과 예수를 믿어 거룩하게 된 무리 가운데서 기업을 얻게 하소서(행 26:18).

구체적인 기도 제목: _____

③ 학교를 위해 기도하겠습니다. _____

④ 주일학교 선생님을 위해 기도하겠습니다. _____

⑤ 주일학교 주요 사안(주일학교 부서)을 위해 기도하겠습니다. _____

⑥ 기도하는 엄마들 사역을 위해 기도달력으로 기도하겠습니다(당월 기도달력을 홈페이지에서 다운받아 모일 때마다 한 주 분씩 기도해 주십시오. **www.mip.or.kr**).

♥ **마무리** – 오늘도 우리의 기도를 들으시는 하나님께 감사와 영광을 올려드리며 예수님의 이름으로 기도드립니다. 아멘!

♥ 모임 내에서 기도한 내용은 모임 안에 남아야 함을 잊지 마십시오!!

Week 20 ♥ King of Glory

• Date: _____

♥ **Praise** (8-10mins) – **Let's declare that God is king of glory**(Praising God for who He is, His attributes, His name and His character. Please no answers to prayers or prayer requests during this time.).

We serve the king of a kingdom that will never cease to exist. Our ruler rules over all with authority and no purpose of God can be thwarted(Job 42:2). Because He so loves us, He rescued us from the dominion of darkness and brought us into His Kingdom(Colossians 1:13). Our oath of allegiance should only be given to our King, our God. Unfortunately, we are often too busy serving ourselves and we forget that our Lord had paid the price to bring us into God's Kingdom. Now is the time to kneel down before the Lord of all and praise our King with a humble heart.

Psalms 24:7-8	Lift up your heads, O you gates; be lifted up, you ancient doors, that the King of glory may come in. Who is this King of glory? The LORD strong and mighty, the LORD mighty in battle.
Psalms 44:4	You are my King and my God, who decrees victories for Jacob.
Jeremiah 10:10	But the LORD is the true God; he is the living God, the eternal King. When he is angry, the earth trembles; the nations cannot endure his wrath.
1Timothy 6:15	which God will bring about in his own time--God, the blessed and only Ruler, the King of kings and Lord of lords,
Psalms 47:7	For God is the King of all the earth; sing to him a psalm of praise.
Psalms 145:1	I will exalt you, my God the King; I will praise your name for ever and ever.

♥ **Confession** (2-3mins) – When we are living in sin, God does not hear our prayers. We want to take this time to pray and confess our sins in silence(2-3mins). Your Word tells us that if we confess our sins, You are faithful and righteous to forgive us our sins and to cleanse us from all unrighteousness. We believe that our sins have been washed clean by the blood of Christ. Sovereign Lord, fill us with your Holy Spirit. Amen!

♥ **Thanksgiving** (5-8mins) – **Thanking God for What He has done**(Please, no prayer requests during this time.).

Child: _____ Child: _____

♥ **Intercession**(30-40mins) – (Conversational one accord prayer is always short, simple and specific.)

① **Our Own Children**

♡ **Scripture prayer for ○○.**

_____ will exalt you, his/her God the King; _____ will praise your name for ever and ever (Psalms 145:1).

Expanded scripture prayer

♡ **Let's pray for ○○ specifically.**

Child:	Child:

② **Teachers/Staff**

Christian teacher: I keep asking that the God of our Lord Jesus Christ, the glorious Father, may give _____ (insert teacher's name) the Spirit of wisdom and revelation, so that they may know him better. I pray also that the eyes of _____'s heart may be enlightened in order that they _____ may know the hope to which he has called _____, the riches of his glorious inheritance in the saints(Ephesians 1:17-18).

Non-christian teacher: Open _____'s (insert teacher's name) eyes and turn _____ from darkness to light, and from the power of Satan to God, so that _____ may receive forgiveness of sins and a place among those who are sanctified by faith in Jesus(Acts 26:18).

Specific Request: _____

③ **School Concerns** _____

④ **Sunday School Teacher** _____

⑤ **Sunday School Concerns** _____

⑥ **Pray for MIP Korea**(Print the monthly calendar from **www.mip.or.kr** and pray for each week's requests.)

♥ **Finish** – **We give praise and glory to You, our Father in heaven who listens our prayers. In Jesus' name we pray, Amen!**

♥ Remember, what is prayed in the group, stays in the group!!

기도하는 엄마들 **한영기도일지 ❶**

_____ 년 _____ 월 MIP 기도달력

♥ MEMO ♥

21주 ♥ 승리의 하나님

한국 기도하는 엄마들　　　　　　　　　　　• 날짜: 20____년____월____일(____요일)____시

♥ **찬양**(8-10분) – 이제 승리의 하나님을 선포하고 찬양하겠습니다(하나님의 속성, 이름, 성품으로 하나님을 찬양하십시오. 이 시간은 기도 응답이나 기도 제목을 나누는 시간이 아닙니다. 찬양만 하십시오.).

우리는 매일 닥치는 난관에 휩쓸려 주님께서 우리의 대적과 싸워 이미 승리하셨다고 선포하셨다는 사실을 잊어버릴 때가 많습니다. 우리는 이미 주께서 이겨 놓으신 싸움을 하고 있습니다. 이제 누가 이 영적 전쟁에서 승리할지 조금도 염려할 필요가 없습니다. 우리의 관심사는 우리가 영적 전투에 임할 채비가 되었는가 아닌가에 있어야 합니다. 하나님의 말씀, 곧 성령의 검의 날을 세웁시다. 끊임없는 정직한 기도로 주님과 교신합시다. 어떤 대가를 치르더라도 기꺼이 순종합시다. 승리는 우리의 것입니다.

시 60:12　　우리가 하나님을 의지하고 용감하게 행하리니 그는 우리의 대적을 밟으실 이심이로다

잠 21:31　　싸울 날을 위하여 마병을 예비하거니와 이김은 여호와께 있느니라

삼상 2:9　　그가 그의 거룩한 자들의 발을 지키실 것이요 악인들을 흑암 중에서 잠잠하게 하시리니 힘으로는 이길 사람이 없음이로다

대상 29:11　여호와여 위대하심과 권능과 영광과 승리와 위엄이 다 주께 속하였사오니 천지에 있는 것이 다 주의 것이로소이다 여호와여 주권도 주께 속하였사오니 주는 높으사 만물의 머리이심이니이다

신 20:3-4　말하여 이르기를 이스라엘아 들으라 너희가 오늘 너희의 대적과 싸우려고 나아왔으니 마음에 겁내지 말며 두려워하지 말며 떨지 말며 그들로 말미암아 놀라지 말라 너희 하나님 여호와는 너희와 함께 행하시며 너희를 위하여 너희 적군과 싸우시고 구원하실 것이라 할 것이며

♥ **고백**(2-3분) – 우리가 죄를 품고 있으면 하나님은 우리 기도를 듣지 않으십니다.
이 시간은 조용히 침묵하는 가운데 우리의 죄를 고백하는 기도를 하겠습니다. (2-3분 후)
만일 우리가 우리 죄를 자백하면 하나님께서는 신실하시고 의로우심으로 우리 죄를 용서하시고 모든 불의에서 우리를 깨끗케 하신다고 하신 말씀대로 우리의 죄가 그리스도의 보혈로 깨끗하게 씻겨졌음을 믿습니다. 이제 우리를 온전히 다스리시고, 성령으로 충만케 하여 주시옵소서. 아멘!

♥ **감사**(5-8분) – 이제 기도 응답에 대하여 하나님께 감사기도를 드리겠습니다(이 시간에 간구는 하지 않습니다.).

자녀 이름:	자녀 이름:

♥ **중보(30-40분)** – (대화식 합심기도는 언제나 짧고 Short, 간단하게 Simple, 구체적으로 Specific 합니다.)

① 이제 우리 자녀를 위해 중보기도하겠습니다.

♡ 먼저 ○○를 위해 성구기도하겠습니다.

_____가 우리의 대적을 밟으실 하나님을 의지하고 용감히 행하게 하소서(시 60:12).
_____가 싸울 날을 위하여 마병을 예비하되 이김이 여호와께 있음을 기억하게 하소서(잠 21:31).

성구 확장 기도

♡ ○○를 위해 구체적인 기도를 하겠습니다.

자녀 이름:	자녀 이름:

② 학교 선생님을 위해 기도하겠습니다.

신자일 때: 우리 주 예수 그리스도의 하나님이신 영광의 아버지께서 지혜와 계시의 영을 _____ 선생님에게 주셔서 하나님을 더 깊이 알게 하시고, _____ 선생님의 마음의 눈을 밝혀 주셔서 교사로 부르심의 소망이 무엇인지 알게 하여 주소서(엡 1:17-18).

불신자일 때: _____ 선생님의 눈을 뜨게 하셔서 어둠에서 빛으로, 사탄의 권세에서 하나님께로 돌아오게 하시고 죄 사함과 예수를 믿어 거룩하게 된 무리 가운데서 기업을 얻게 하소서(행 26:18).

구체적인 기도 제목: _____

③ 학교를 위해 기도하겠습니다. _____

④ 주일학교 선생님을 위해 기도하겠습니다. _____

⑤ 주일학교 주요 사안(주일학교 부서)을 위해 기도하겠습니다. _____

⑥ 기도하는 엄마들 사역을 위해 기도달력으로 기도하겠습니다(당월 기도달력을 홈페이지에서 다운받아 모일 때마다 한 주 분씩 기도해 주십시오. **www.mip.or.kr**).

♥ **마무리** – 오늘도 우리의 기도를 들으시는 하나님께 감사와 영광을 올려드리며 예수님의 이름으로 기도드립니다. 아멘!

♥ 모임 내에서 기도한 내용은 모임 안에 남아야 함을 잊지 마십시오!!

Week 21 ♥ God of Victory

• Date: _____

♥ **Praise** (8-10mins) – **Let's declare that God is victorious**(Praising God for who He is, His attributes, His name and His character. Please no answers to prayers or prayer requests during this time.).

Surrounded by everyday troubles we face, we often forget that God's Word tells us that the Lord has already declared victory. We are fighting a battle already won. From this moment on we need not worry about who will win this spiritual battle. Our only interest should be in whether we are ready for battle or not. Are we holding up the sword of the Holy Spirit, which is God's Word? Are you willing to obey no matter what the cost? Victory is near.

Psalms 60:12	With God we will gain the victory, and he will trample down our enemies.
Proverbs 21:31	The horse is made ready for the day of battle, but victory rests with the LORD.
1Samuel 2:9	He will guard the feet of his saints, but the wicked will be silenced in darkness. "It is not by strength that one prevails;
1Chronicles 29:11	Yours, O LORD, is the greatness and the power and the glory and the majesty and the splendor, for everything in heaven and earth is yours. Yours, O LORD, is the kingdom; you are exalted as head over all.
Deuteronomy 20:3-4	He shall say: "Hear, O Israel, today you are going into battle against your enemies. Do not be fainthearted or afraid; do not be terrified or give way to panic before them. For the LORD your God is the one who goes with you to fight for you against your enemies to give you victory."

♥ **Confession** (2-3mins) – **When we are living in sin, God does not hear our prayers. We want to take this time to pray and confess our sins in silence(2-3mins). Your Word tells us that if we confess our sins, You are faithful and righteous to forgive us our sins and to cleanse us from all unrighteousness. We believe that our sins have been washed clean by the blood of Christ. Sovereign Lord, fill us with your Holy Spirit. Amen!**

♥ **Thanksgiving** (5-8mins) – **Thanking God for What He has done**(Please, no prayer requests during this time.).

Child:	Child:

♥ **Intercession**(30-40mins) – (Conversational one accord prayer is always short, simple and specific.)

① **Our Own Children**

♡ **Scripture prayer for ○○.**

May _____ trust in Him with whom we will gain the victory, and trample down our enemies (Psalms 60:12).

May _____ remember that although the horse is made ready for the day of battle, victory rests with the Lord (Proverbs 21:31).

Expanded scripture prayer

♡ **Let's pray for ○○ specifically.**

Child:	Child:

② **Teachers/Staff**

Christian teacher: I keep asking that the God of our Lord Jesus Christ, the glorious Father, may give _____ (insert teacher's name) the Spirit of wisdom and revelation, so that they may know him better. I pray also that the eyes of _____'s heart may be enlightened in order that they _____ may know the hope to which he has called _____, the riches of his glorious inheritance in the saints(Ephesians 1:17-18).

Non-christian teacher: Open _____'s (insert teacher's name) eyes and turn _____ from darkness to light, and from the power of Satan to God, so that _____ may receive forgiveness of sins and a place among those who are sanctified by faith in Jesus(Acts 26:18).

Specific Request: _____

③ **School Concerns** _____

④ **Sunday School Teacher** _____

⑤ **Sunday School Concerns** _____

⑥ **Pray for MIP Korea**(Print the monthly calendar from **www.mip.or.kr** and pray for each week's requests.)

♥ **Finish** – We give praise and glory to You, our Father in heaven who listens our prayers. In Jesus' name we pray, Amen!

♥ Remember, what is prayed in the group, stays in the group!!

22주 ♥ 싸우시는 하나님

한국 기도하는 엄마들　　　　　　　　　　　• 날짜: 20___년 ___월 ___일 (___요일) ___시

♥ **찬양** (8-10분) – 이제 싸우시는 하나님을 선포하고 찬양하겠습니다(하나님의 속성, 이름, 성품으로 하나님을 찬양하십시오. 이 시간은 기도 응답이나 기도 제목을 나누는 시간이 아닙니다. 찬양만 하십시오.).

진리와 동행하는 삶을 사는 우리는 매일매일 영적 전투 가운데 있습니다. 사방으로부터 악의 세력이 우리를 압박합니다. 우리는 어떻게 해야 합니까? 바울은 "우리가 육신으로 행하나 육신에 따라 싸우지 아니하노니 우리의 싸우는 무기는 육신에 속한 것이 아니요 오직 어떤 견고한 진도 무너뜨리는 하나님의 능력이라 모든 이론을 무너뜨리며 하나님 아는 것을 대적하여 높아진 것을 다 무너뜨리고 모든 생각을 사로잡아 그리스도에게 복종하게 하니"(고후 10:3-5)라고 했습니다. 두려워하지 말고 가만히 서서 여호와 하나님께서 오늘 우리를 위하여 싸워 구원하심을 바라봅시다.

출 14:14　　여호와께서 너희를 위하여 싸우시리니 너희는 가만히 있을지니라

신 1:30　　너희보다 먼저 가시는 너희의 하나님 여호와께서 애굽에서 너희를 위하여 너희 목전에서 모든 일을 행하신 것 같이 이제도 너희를 위하여 싸우실 것이며

신 3:22　　너희는 그들을 두려워하지 말라 너희의 하나님 여호와께서 친히 너희를 위하여 싸우시리라 하였노라

대하 20:15　야하시엘이 이르되 온 유다와 예루살렘 주민과 여호사밧 왕이여 들을지어다 여호와께서 이같이 너희에게 말씀하시기를 너희는 이 큰 무리로 말미암아 두려워하거나 놀라지 말라 이 전쟁은 너희에게 속한 것이 아니요 하나님께 속한 것이니라

대하 32:8　그와 함께 하는 자는 육신의 팔이요 우리와 함께 하시는 이는 우리의 하나님 여호와시라 반드시 우리를 도우시고 우리를 대신하여 싸우시리라 하매 백성이 유다 왕 히스기야의 말로 말미암아 안심하니라

♥ **고백** (2-3분) – 우리가 죄를 품고 있으면 하나님은 우리 기도를 듣지 않으십니다.
이 시간은 조용히 침묵하는 가운데 우리의 죄를 고백하는 기도를 하겠습니다. (2-3분 후)
만일 우리가 우리 죄를 자백하면 하나님께서는 신실하시고 의로우심으로 우리 죄를 용서하시고 모든 불의에서 우리를 깨끗케 하신다고 하신 말씀대로 우리의 죄가 그리스도의 보혈로 깨끗하게 씻겨졌음을 믿습니다. 이제 우리를 온전히 다스리시고, 성령으로 충만케 하여 주시옵소서. 아멘!

♥ **감사** (5-8분) – 이제 기도 응답에 대하여 하나님께 감사기도를 드리겠습니다(이 시간에 간구는 하지 않습니다.).

자녀 이름:　　　　　　　　　　　　　　　　　자녀 이름:

_____　_____

_____　_____

_____　_____

_____　_____

♥ **중보 (30-40분)** – (대화식 합심기도는 언제나 짧고 Short, 간단하게 Simple, 구체적으로 Specific 합니다.)

① **이제 우리 자녀를 위해 중보기도하겠습니다.**

♡ **먼저 ○○를 위해 성구기도하겠습니다.**

_____보다 먼저 가시는 하나님 여호와께서 과거에 그를 위하여 그의 목전에서 모든 일을 행하신 것 같이 이제도 _____를 위하여 싸우심을 믿습니다(신 1:30).

성구 확장 기도

♡ **○○를 위해 구체적인 기도를 하겠습니다.**

자녀 이름:	자녀 이름:

② **학교 선생님을 위해 기도하겠습니다.**

신자일 때: 우리 주 예수 그리스도의 하나님이신 영광의 아버지께서 지혜와 계시의 영을 _____ 선생님에게 주셔서 하나님을 더 깊이 알게 하시고, _____ 선생님의 마음의 눈을 밝혀 주셔서 교사로 부르심의 소망이 무엇인지 알게 하여 주소서(엡 1:17-18).

불신자일 때: _____ 선생님의 눈을 뜨게 하셔서 어둠에서 빛으로, 사탄의 권세에서 하나님께로 돌아오게 하시고 죄 사함과 예수를 믿어 거룩하게 된 무리 가운데서 기업을 얻게 하소서(행 26:18).

구체적인 기도 제목: _____

③ **학교를 위해 기도하겠습니다.** _____

④ **주일학교 선생님을 위해 기도하겠습니다.** _____

⑤ **주일학교 주요 사안(주일학교 부서)을 위해 기도하겠습니다.** _____

⑥ **기도하는 엄마들 사역을 위해 기도달력으로 기도하겠습니다**(당월 기도달력을 홈페이지에서 다운받아 모일 때마다 한 주 분씩 기도해 주십시오. www.mip.or.kr).

♥ **마무리** – 오늘도 우리의 기도를 들으시는 하나님께 감사와 영광을 올려드리며 예수님의 이름으로 기도드립니다. 아멘!

♥ 모임 내에서 기도한 내용은 모임 안에 남아야 함을 잊지 마십시오!!

Week 22 ♥ God Fights for Us

• Date: _____

♥ **Praise** (8-10mins) – **Let's declare that God is the fighter for us** (Praising God for who He is, His attributes, His name and His character. Please no answers to prayers or prayer requests during this time.).

Living with the truth, we are in the midst of a spiritual battle every day. When we strive to live a life walking with the truth, spiritual battles take place every day, evil forces press in on us from every direction. What should we do? Paul said, "For though we live in the world, we do not wage war as the world does. The weapons we fight with are not the weapons of the world. On the contrary, they have divine power to demolish strongholds. We demolish arguments and every pretension that sets itself up against the knowledge of God, and we take captive every thought to make it obedient to Christ"(2Corinthians 10:3-5). Don't be afraid. Stand firm. And we will see the deliverance the Lord will bring us today.

Exodus 14:14	The LORD will fight for you; you need only to be still."
Deuteronomy 1:30	The LORD your God, who is going before you, will fight for you, as he did for you in Egypt, before your very eyes,
Deuteronomy 3:22	Do not be afraid of them; the LORD your God himself will fight for you."
2Chronicles 20:15	He said: "Listen, King Jehoshaphat and all who live in Judah and Jerusalem! This is what the LORD says to you: 'Do not be afraid or discouraged because of this vast army. For the battle is not yours, but God's.
2Chronicles 32:8	With him is only the arm of flesh, but with us is the LORD our God to help us and to fight our battles." And the people gained confidence from what Hezekiah the king of Judah said.

♥ **Confession** (2-3mins) – **When we are living in sin, God does not hear our prayers. We want to take this time to pray and confess our sins in silence(2-3mins). Your Word tells us that if we confess our sins, You are faithful and righteous to forgive us our sins and to cleanse us from all unrighteousness. We believe that our sins have been washed clean by the blood of Christ. Sovereign Lord, fill us with your Holy Spirit. Amen!**

♥ **Thanksgiving** (5-8mins) – **Thanking God for What He has done** (Please, no prayer requests during this time.).

Child: _____   Child: _____

♥ **Intercession**(30-40mins) – (Conversational one accord prayer is always short, simple and specific.)

① **Our Own Children**

♡ **Scripture prayer for ○○.**

Lord our God, who goes before _____, as you have fought for him/her before his/her very eyes, we know and trust that You will continue to fight for _____ (Deuteronomy 1:30).

Expanded scripture prayer

♡ **Let's pray for ○○ specifically.**

Child:	Child:

② **Teachers/Staff**

Christian teacher: I keep asking that the God of our Lord Jesus Christ, the glorious Father, may give _____ (insert teacher's name) the Spirit of wisdom and revelation, so that they may know him better. I pray also that the eyes of _____'s heart may be enlightened in order that they _____ may know the hope to which he has called _____, the riches of his glorious inheritance in the saints(Ephesians 1:17-18).

Non-christian teacher: Open _____'s (insert teacher's name) eyes and turn _____ from darkness to light, and from the power of Satan to God, so that _____ may receive forgiveness of sins and a place among those who are sanctified by faith in Jesus(Acts 26:18).

Specific Request: _____

③ **School Concerns** _____

④ **Sunday School Teacher** _____

⑤ **Sunday School Concerns** _____

⑥ **Pray for MIP Korea**(Print the monthly calendar from **www.mip.or.kr** and pray for each week's requests.)

♥ **Finish** – We give praise and glory to You, our Father in heaven who listens our prayers. In Jesus' name we pray, Amen!

♥ Remember, what is prayed in the group, stays in the group!!

23주 ♥ 구속자 되신 하나님

한국 기도하는 엄마들　　　　　　　　　　• 날짜: 20___년 ___월 ___일 (___요일) ___시

♥ **찬양**(8-10분) – 이제 **구속자 되신 하나님**을 **선포하고 찬양하겠습니다**(하나님의 속성, 이름, 성품으로 하나님을 찬양하십시오. 이 시간은 기도 응답이나 기도 제목을 나누는 시간이 아닙니다. 찬양만 하십시오.).

우리의 구속자 되신 하나님은 사탄으로부터 우리를 구하시고 죄악된 삶의 사슬에서 우리를 자유케 하셨습니다. 그렇다면 우리는 죄에서 자유로운 몸인데, 왜 승리의 삶을 살지 못하는 것입니까? 환경에 사로잡혀서 구속자이신 주님을 믿음으로 바라보지 못하기 때문입니다. 주님으로부터 시선을 떼는 순간 베드로에게 어떤 일이 일어났습니까(마 14:22–31)? 우리의 시선을 구속자 되신 주님의 말씀에 단단히 고정시키고 승리의 걸음을 걸읍시다.

출 6:6	그러므로 이스라엘 자손에게 말하기를 나는 여호와라 내가 애굽 사람의 무거운 짐 밑에서 너희를 빼내며 그들의 노역에서 너희를 건지며 편 팔과 여러 큰 심판들로써 너희를 속량하여
욥 5:20	기근 때에 죽음에서, 전쟁 때에 칼의 위협에서 너를 구원하실 터인즉
시 19:14	나의 반석이시요 나의 구속자이신 여호와여 내 입의 말과 마음의 묵상이 주님 앞에 열납되기를 원하나이다
사 43:1	야곱아 너를 창조하신 여호와께서 지금 말씀하시느니라 이스라엘아 너를 지으신 이가 말씀하시느니라 너는 두려워하지 말라 내가 너를 구속하였고 내가 너를 지명하여 불렀나니 너는 내 것이라
사 48:17	너희의 구속자시요 이스라엘의 거룩하신 이이신 여호와께서 이르시되 나는 네게 유익하도록 가르치고 너를 마땅히 행할 길로 인도하는 네 하나님 여호와라
딛 2:14	그가 우리를 대신하여 자신을 주심은 모든 불법에서 우리를 속량하시고 우리를 깨끗하게 하사 선한 일을 열심히 하는 자기 백성이 되게 하려 하심이라

♥ **고백**(2-3분) – 우리가 죄를 품고 있으면 하나님은 우리 기도를 듣지 않으십니다.
이 시간은 조용히 침묵하는 가운데 우리의 죄를 고백하는 기도를 하겠습니다. (2–3분 후)
만일 우리가 우리 죄를 자백하면 하나님께서는 신실하시고 의로우심으로 우리 죄를 용서하시고 모든 불의에서 우리를 깨끗케 하신다고 하신 말씀대로 우리의 죄가 그리스도의 보혈로 깨끗하게 씻겨졌음을 믿습니다. 이제 우리를 온전히 다스리시고, 성령으로 충만케 하여 주시옵소서. 아멘!

♥ **감사**(5-8분) – 이제 기도 응답에 대하여 하나님께 감사기도를 드리겠습니다(이 시간에 간구는 하지 않습니다.).

자녀 이름: _____　　　자녀 이름: _____

_____

_____

_____

_____

♥ **중보(30-40분)** – (대화식 합심기도는 언제나 짧고 Short, 간단하게 Simple, 구체적으로 Specific 합니다.)

① 이제 우리 자녀를 위해 중보기도하겠습니다.

　♡ 먼저 ○○를 위해 성구기도하겠습니다.

　　_____의 반석이시요 구속자이신 여호와여 _____의 입의 말과 마음의 묵상이 주님 앞에 열납되기를 원하나이다(시 19:14).

　성구 확장 기도

　♡ ○○를 위해 구체적인 기도를 하겠습니다.

자녀 이름:	자녀 이름:

② 학교 선생님을 위해 기도하겠습니다.

　신자일 때: 우리 주 예수 그리스도의 하나님이신 영광의 아버지께서 지혜와 계시의 영을 _____ 선생님에게 주셔서 하나님을 더 깊이 알게 하시고, _____ 선생님의 마음의 눈을 밝혀 주셔서 교사로 부르심의 소망이 무엇인지 알게 하여 주소서(엡 1:17-18).

　불신자일 때: _____ 선생님의 눈을 뜨게 하셔서 어둠에서 빛으로, 사탄의 권세에서 하나님께로 돌아오게 하시고 죄 사함과 예수를 믿어 거룩하게 된 무리 가운데서 기업을 얻게 하소서(행 26:18).

　구체적인 기도 제목: _____

③ 학교를 위해 기도하겠습니다. _____

④ 주일학교 선생님을 위해 기도하겠습니다. _____

⑤ 주일학교 주요 사안(주일학교 부서)을 위해 기도하겠습니다. _____

⑥ 기도하는 엄마들 사역을 위해 기도달력으로 기도하겠습니다(당월 기도달력을 홈페이지에서 다운받아 모일 때마다 한 주 분씩 기도해 주십시오. www.mip.or.kr).

♥ **마무리** – 오늘도 우리의 기도를 들으시는 하나님께 감사와 영광을 올려드리며 예수님의 이름으로 기도드립니다. 아멘!

♥ 모임 내에서 기도한 내용은 모임 안에 남아야 함을 잊지 마십시오!!

Week 23 ♥ God the Redeemer

• Date: _____

♥ **Praise** (8-10mins) − **Let's declare that God is the redeemer**(Praising God for who He is, His attributes, His name and His character. Please no answers to prayers or prayer requests during this time.).

Our Redeemer God has saved us from Satan and set us free from the chains of a sinful life. Then why can't we live a victorious life even though we are free from sin? That is because we are too caught up in our environment and cannot look to our Redeemer Lord in faith. What happened to Peter at the moment he took his eyes off the Lord?(Matthew 14:22-31) Let us firmly fix our gaze on the words of our Redeemer Lord and walk in the steps of victory.

Exodus 6:6	"Therefore, say to the Israelites: 'I am the LORD, and I will bring you out from under the yoke of the Egyptians. I will free you from being slaves to them, and I will redeem you with an outstretched arm and with mighty acts of judgment.
Job 5:20	In famine he will ransom you from death, and in battle from the stroke of the sword.
Psalms 19:14	May the words of my mouth and the meditation of my heart be pleasing in your sight, O LORD, my Rock and my Redeemer.
Isaiah 43:1	But now, this is what the LORD says-- he who created you, O Jacob, he who formed you, O Israel: "Fear not, for I have redeemed you; I have summoned you by name; you are mine.
Isaiah 48:17	This is what the LORD says-- your Redeemer, the Holy One of Israel: "I am the LORD your God, who teaches you what is best for you, who directs you in the way you should go.
Titus 2:14	who gave himself for us to redeem us from all wickedness and to purify for himself a people that are his very own, eager to do what is good.

♥ **Confession** − **When we are living in sin, God does not hear our prayers.**
(2-3mins) **We want to take this time to pray and confess our sins in silence(2-3mins). Your Word tells us that if we confess our sins, You are faithful and righteous to forgive us our sins and to cleanse us from all unrighteousness. We believe that our sins have been washed clean by the blood of Christ. Sovereign Lord, fill us with your Holy Spirit. Amen!**

♥ **Thanksgiving** (5-8mins) − **Thanking God for What He has done**(Please, no prayer requests during this time.).

Child: _____   Child: _____

♥ **Intercession**(30-40mins) – (Conversational one accord prayer is always short, simple and specific.)

① **Our Own Children**

♡ **Scripture prayer for ○○.**

_____'s rock and _____'s Redeemer, I pray that the words of _____'s mouth and the meditation of _____'s heart are acceptable in Your sight, O Lord (Psalms 19:14).

Expanded scripture prayer

♡ **Let's pray for ○○ specifically.**

Child:	Child:

② **Teachers/Staff**

Christian teacher: I keep asking that the God of our Lord Jesus Christ, the glorious Father, may give _____(insert teacher's name) the Spirit of wisdom and revelation, so that they may know him better. I pray also that the eyes of _____'s heart may be enlightened in order that they _____ may know the hope to which he has called _____, the riches of his glorious inheritance in the saints(Ephesians 1:17-18).

Non-christian teacher: Open _____'s (insert teacher's name) eyes and turn _____ from darkness to light, and from the power of Satan to God, so that _____ may receive forgiveness of sins and a place among those who are sanctified by faith in Jesus(Acts 26:18).

Specific Request: _____

③ **School Concerns** _____

④ **Sunday School Teacher** _____

⑤ **Sunday School Concerns** _____

⑥ **Pray for MIP Korea**(Print the monthly calendar from **www.mip.or.kr** and pray for each week's requests.)

♥ **Finish** – **We give praise and glory to You, our Father in heaven who listens our prayers. In Jesus' name we pray, Amen!**

♥ Remember, what is prayed in the group, stays in the group!!

24주 ♥ 인도자 되시는 하나님

한국 기도하는 엄마들　　　　　　　　　　　　• 날짜: 20____년 ____월 ____일 (____요일) ____시

♥ **찬양**(8-10분) – 이제 **인도자 되시는 하나님**을 **선포**하고 **찬양하겠습니다**(하나님의 속성, 이름, 성품으로 하나님을 찬양하십시오. 이 시간은 기도 응답이나 기도 제목을 나누는 시간이 아닙니다. 찬양만 하십시오.).

우리가 살면서 때로는 어느 길로 가야 할지 몰라 막막할 때가 있습니다. 광야 같은 인생길에서 나름대로의 목표와 만족을 찾아 헤맵니다. 그러나 하나님의 자녀 된 우리는 하나님께서 우리를 인도하시겠다고 말씀하신 확실하고 분명한 약속을 가지고 있습니다. 하나님은 우리 각자를 향한 계획을 가지고 계십니다. 문제는 우리가 하나님의 인도하심에 대하여 얼마나 민감하며 기꺼이 따르고자 하는가에 있습니다. 인도자 되시는 하나님을 기꺼이 따를 때, 우리와 자녀들에게 결코 부족함이 없을 것입니다.

출 13:21　여호와께서 그들 앞에서 가시며 낮에는 구름 기둥으로 그들의 길을 인도하시고 밤에는 불 기둥을 그들에게 비추사 낮이나 밤이나 진행하게 하시니

사 48:17　너희의 구속자시요 이스라엘의 거룩하신 이이신 여호와께서 이르시되 나는 네게 유익하도록 가르치고 너를 마땅히 행할 길로 인도하는 네 하나님 여호와라

사 58:11　여호와가 너를 항상 인도하여 메마른 곳에서도 네 영혼을 만족하게 하며 네 뼈를 견고하게 하리니 너는 물 댄 동산 같겠고 물이 끊어지지 아니하는 샘 같을 것이라

시 23:3　내 영혼을 소생시키시고 자기 이름을 위하여 의의 길로 인도하시는도다

시 48:14　이 하나님은 영원히 우리 하나님이시니 그가 우리를 죽을 때까지 인도하시리로다

시 107:28　이에 그들이 그들의 고통 때문에 여호와께 부르짖으매 그가 그들의 고통에서 그들을 인도하여 내시고

잠 16:9　사람이 마음으로 자기의 길을 계획할지라도 그의 걸음을 인도하시는 이는 여호와시니라

♥ **고백**(2-3분) – 우리가 죄를 품고 있으면 하나님은 우리 기도를 듣지 않으십니다. 이 시간은 조용히 침묵하는 가운데 우리의 죄를 고백하는 기도를 하겠습니다. (2-3분 후) 만일 우리가 우리 죄를 자백하면 하나님께서는 신실하시고 의로우심으로 우리 죄를 용서하시고 모든 불의에서 우리를 깨끗케 하신다고 하신 말씀대로 우리의 죄가 그리스도의 보혈로 깨끗하게 씻겨졌음을 믿습니다. 이제 우리를 온전히 다스리시고, 성령으로 충만케 하여 주시옵소서. 아멘!

♥ **감사**(5-8분) – 이제 기도 응답에 대하여 하나님께 감사기도를 드리겠습니다(이 시간에 간구는 하지 않습니다.).

자녀 이름:	자녀 이름:

♥ **중보 (30-40분)** – (대화식 합심기도는 언제나 짧고 Short, 간단하게 Simple, 구체적으로 Specific 합니다.)

① 이제 우리 자녀를 위해 중보기도하겠습니다.

♡ 먼저 ○○를 위해 성구기도하겠습니다.

여호와께서 _____를 항상 인도하여 메마른 곳에서도 그의 영혼을 만족하게 하시며 _____의 뼈를 견고하게 하사 물 댄 동산 같고 물이 끊어지지 아니하는 샘 같게 하소서(사 58:11).

성구 확장 기도

♡ ○○를 위해 구체적인 기도를 하겠습니다.

자녀 이름:	자녀 이름:

② 학교 선생님을 위해 기도하겠습니다.

신자일 때: 우리 주 예수 그리스도의 하나님이신 영광의 아버지께서 지혜와 계시의 영을 _____ 선생님에게 주셔서 하나님을 더 깊이 알게 하시고, _____ 선생님의 마음의 눈을 밝혀 주셔서 교사로 부르심의 소망이 무엇인지 알게 하여 주소서(엡 1:17-18).

불신자일 때: _____ 선생님의 눈을 뜨게 하셔서 어둠에서 빛으로, 사탄의 권세에서 하나님께로 돌아오게 하시고 죄 사함과 예수를 믿어 거룩하게 된 무리 가운데서 기업을 얻게 하소서(행 26:18).

구체적인 기도 제목: _____

③ 학교를 위해 기도하겠습니다. _____

④ 주일학교 선생님을 위해 기도하겠습니다. _____

⑤ 주일학교 주요 사안(주일학교 부서)을 위해 기도하겠습니다. _____

⑥ **기도하는 엄마들 사역을 위해 기도달력으로 기도하겠습니다**(당월 기도달력을 홈페이지에서 다운받아 모일 때마다 한 주 분씩 기도해 주십시오. www.mip.or.kr).

♥ **마무리** – 오늘도 우리의 기도를 들으시는 하나님께 감사와 영광을 올려드리며 예수님의 이름으로 기도드립니다. 아멘!

♥ 모임 내에서 기도한 내용은 모임 안에 남아야 함을 잊지 마십시오!!

Week 24 ♥ God is Our Guide

• Date: _____

♥ **Praise** (8-10mins) – **Let's declare that God is our guide**(Praising God for who He is, His attributes, His name and His character. Please no answers to prayers or prayer requests during this time.).

Sometimes in life, we feel lost and uncertain about which path to take. We wander through life as if we are in the wilderness, searching for our own goals and satisfaction. As children of God, we have a certain and clear promise that God will guide us. God has a plan for each and every one of us. The real issue is our sensitivity and willingness to follow God's guidance for our lives. When we willingly obey and follow our guide, we will be satisfied in Him.

Exodus 13:21	By day the LORD went ahead of them in a pillar of cloud to guide them on their way and by night in a pillar of fire to give them light, so that they could travel by day or night.
Isaiah 48:17	This is what the LORD says-- your Redeemer, the Holy One of Israel: "I am the LORD your God, who teaches you what is best for you, who directs you in the way you should go.
Isaiah 58:11	The LORD will guide you always; he will satisfy your needs in a sun-scorched land and will strengthen your frame. You will be like a well-watered garden, like a spring whose waters never fail.
Psalms 23:3	he restores my soul. He guides me in paths of righteousness for his name's sake.
Psalms 48:14	For this God is our God for ever and ever; he will be our guide even to the end.
Psalms 107:28	Then they cried out to the LORD in their trouble, and he brought them out of their distress.
Proverbs 16:9	In his heart a man plans his course, but the LORD determines his steps.

♥ **Confession** (2-3mins) – **When we are living in sin, God does not hear our prayers. We want to take this time to pray and confess our sins in silence(2-3mins). Your Word tells us that if we confess our sins, You are faithful and righteous to forgive us our sins and to cleanse us from all unrighteousness. We believe that our sins have been washed clean by the blood of Christ. Sovereign Lord, fill us with your Holy Spirit. Amen!**

♥ **Thanksgiving** (5-8mins) – **Thanking God for What He has done**(Please, no prayer requests during this time.).

Child: _____   Child: _____

♥ **Intercession**(30-40mins) – (Conversational one accord prayer is always short, simple and specific.)

① **Our Own Children**

♡ **Scripture prayer for ○○.**

Lord, guide _____ always. Satisfy _____'s needs even in a sun-scorched land and strengthen his/her bones so that _____ will be like a well-watered garden, like a spring whose waters never fail (Isaiah 58:11).

Expanded scripture prayer

♡ **Let's pray for ○○ specifically.**

Child:	Child:

② **Teachers/Staff**

Christian teacher: I keep asking that the God of our Lord Jesus Christ, the glorious Father, may give _____ (insert teacher's name) the Spirit of wisdom and revelation, so that they may know him better. I pray also that the eyes of _____'s heart may be enlightened in order that they _____ may know the hope to which he has called _____, the riches of his glorious inheritance in the saints(Ephesians 1:17-18).

Non-christian teacher: Open _____'s (insert teacher's name) eyes and turn _____ from darkness to light, and from the power of Satan to God, so that _____ may receive forgiveness of sins and a place among those who are sanctified by faith in Jesus(Acts 26:18).

Specific Request: _____

③ **School Concerns** _____

④ **Sunday School Teacher** _____

⑤ **Sunday School Concerns** _____

⑥ **Pray for MIP Korea**(Print the monthly calendar from **www.mip.or.kr** and pray for each week's requests.)

♥ **Finish** – **We give praise and glory to You, our Father in heaven who listens our prayers. In Jesus' name we pray, Amen!**

♥ Remember, what is prayed in the group, stays in the group!!

기도하는 엄마들 **한영기도일지 ❶**

_____ 년 _____ 월 MIP 기도달력

♥ MEMO ♥

♥ 10대 자녀를 위한 기도제안

1. **옳지 않은 일을 했을 때 항상 발각되도록** 기도하십시오 - 시 19:12
   _____의 허물을 능히 깨닫게 하사 저를 숨은 허물에서 벗어나게 하소서!

2. **몸의 정결을 위해** 기도하십시오 - 엡 5:1, 3
   음행과 온갖 더러운 것과 탐욕은 _____가 그 이름조차도 부르지 말게 하소서!

3. **경건한 친구들을 위해** 기도하십시오 - 딤후 2:22
   _____가 정욕을 피하고 주를 깨끗한 마음으로 부르는 친구들과 함께 의와 믿음과 사랑과 화평을 따르게 하소서!

4. **장래 배우자를 위해** 기도하십시오 - 고후 6:14
   _____가 믿지 않는 자와 멍에를 함께 메지 않도록 늘 빛 가운데 거하게 하소서!

5. **분별력을 위해** 기도하십시오 - 골 2:8
   _____에게 분별력을 주사 철학과 헛된 속임수에 사로잡히지 않게 하소서!

6. **하나님을 더욱 잘 알 수 있는 계시를 위해** 기도하십시오 - 엡 1:17
   우리 주 예수 그리스도의 하나님, 영광의 아버지께서 지혜와 계시의 영을 _____에게 주사 하나님을 알게 하여 주소서!

7. **계속 회개하며 변화되기 원하는 마음을 위해** 기도하십시오 - 겔 18:30b
   _____가 항상 돌이켜 회개하고 모든 죄에서 자유케 되어 저에게 죄가 걸림돌이 되지 않게 하소서!

8. **하나님이 기도 응답하시는 것을 보도록** 기도하십시오 - 눅 18:1
   _____가 항상 기도하고 낙심하지 않게 도우사 기도의 응답을 보게 하여 주소서!

9. **하나님을 경외하도록** 기도하십시오 - 시 112:1
   _____가 여호와를 경외하며 주의 계명을 크게 즐거워하게 하여 주소서!

10. **하나님께 순복하며 마귀를 대적하도록** 기도하십시오 - 약 4:7
    _____가 하나님께 복종하고 마귀를 대적하여 영적 전쟁에서 이기게 하소서!

11. **겸손한 마음을 갖도록** 기도하십시오 - 빌 2:3
    _____가 무슨 일을 하든지 다툼이나 허영으로 하지 말고 오직 겸손한 마음으로 최선을 다하게 하소서!

12. **하나님을 최우선으로 놓도록** 기도하십시오 - 잠 3:6
    _____가 모든 일에 하나님의 주권을 인정하게 하소서!

13. **보는 것을 위해** 기도하십시오 - 마 6:22-23
    _____의 눈은 몸의 등불이오니 그 눈으로 늘 하나님의 빛을 보게 하여 주사 어둠이 들어오지 못하게 하소서!

14. **이 세대의 악한 행실을 피하도록** 기도하십시오 - 신 18:14
    이 세대의 사람들은 길흉을 말하는 자나 점쟁이의 말을 듣거니와 _____는 이런 일을 용납하지 않게 하소서!

15. **악한 것에 대해 '아니오'라고 말할 수 있도록** 기도하십시오 - 히 2:18
    주님께서 시험을 받아 고난을 당하셨은즉 _____가 악한 것을 거절함으로 시험 받을 때 저를 능히 도우실 것을 믿는 믿음과 담대함을 주소서!

16. **예배자가 되게** 하소서!!! - 시 42:1
    목마른 사슴이 물을 찾듯이 _____가 주일을 기다리며 다른 어떤 것보다 예배를 우선순위에 놓고 신령과 진정으로 예배드리는 데 최선을 다하게 하소서!

♥ Prayer Suggestions for Teenage Children

1. **Pray that when they do something wrong it is always discovered. (Psalms 19:12)**
   Make _____ aware of their transgressions, and free from hidden transgressions!

2. **Pray for the purification of their bodies. (Ephesians 5:1, 3)**
   May _____ not have a hint of sexual immorality, or of any kind of impurity, or greed so that he/she may be holy.

3. **Pray for them to make Godly friends. (2Timothy 2:22)**
   May _____ avoid lust and follow righteousness, faith, love, and peace with those who call the Lord with a pure heart!

4. **Pray for their future spouses. (2Corinthians 6:14)**
   May _____ not be yoked together with unbelievers!

5. **Pray for their discernment. (Colossians 2:8)**
   Give _____ discernment so that he/she will not be caught up in philosophy and vain deception!

6. **Pray for the revelation to know God well. (Ephesians 1:17)**
   May the God of our Lord, Jesus Christ, the glorious Father give _____ the Spirit of wisdom and revelation to know God better!

7. **Pray for repentance and a renewed heart. (Ezekiel 18:30b)**
   May _____ always turn and repent and be set free from all sins, so that sin will not be a stumbling block for _____!

8. **Pray for them to look to God to answer their prayers. (Luke 18:1)**
   May _____ keep praying, overcome any disappointment, and look to God to respond to their prayer!

9. **Pray for them to fear God. (Psalms 112:1)**

   May _____ praise the Lord and find great delight in His commands!

10. **Pray that they will submit to God and resist the devil. (James 4:7)**

    May _____ obey God and win the spiritual war against the devil!

11. **Pray for them to have a humble heart. (Philippians 2:3)**

    May _____ do nothing out of selfish ambition or vanity, but act with humility!

12. **Pray that they will put God first. (Proverbs 3:6)**

    May _____ acknowledge God's sovereignty in all things!

13. **Pray for things to be seen. (Matthew 6:22-23)**

    May _____'s eyes be the lamp of the body, so that his/her eyes can always let in the light of God and be protected from darkness!

14. **Pray that they will avoid the evil practices of this generation. (Deuteronomy 18:14)**

    May _____ not follow the wicked ways of this world.

15. **Pray that they will say 'no' to what is evil. (Hebrews 2:18)**

    May _____ receive the help of Jesus Christ in times of temptation and suffering, as he suffered while being tempted.

16. **Pray to become true worshipers. (Psalms 42:1)**

    Like a thirsty deer seeks water, let _____ prioritize worship over anything else, and do his/her best to truly worship in the Spirit!

♥ 31일 성품 기도달력

	1. Respect 존경	2. Perseverance 인내
기도하는 엄마들	"인간의 모든 제도를 주를 위하여 순종하되 혹은 위에 있는 왕이나 혹은 그가 악행하는 자를 징벌하고 선행하는 자를 포상하기 위하여 보낸 총독에게 하라"(벧전 2:13-14) ___가 권위에 복종하며 모든 사람을 존경하는 성품으로 자라나게 하소서	"내 형제들아 너희가 여러 가지 시험을 당하거든 온전히 기쁘게 여기라 이는 너희 믿음의 시련이 인내를 만들어 내는 줄 너희가 앎이라"(약 1:2-3) ___가 시험을 만나도 좌절하지 않고 기쁨으로 견뎌냄으로 연단 가운데 성장하게 하소서
7. Integrity 정직성	**8. Generosity 관대**	**9. Servanthood 섬김**
"이자를 받으려고 돈을 꾸어 주지 아니하며 뇌물을 받고 무죄한 자를 해하지 아니하는 자이니 이런 일을 행하는 자는 영원히 흔들리지 아니하리이다"(시 15:5) ___가 경건한 자를 존대하며 뇌물을 거절하며 약속을 지키는 사람이 되게 하소서	"오직 선을 행함과 서로 나누어 주기를 잊지 말라 하나님은 이같은 제사를 기뻐하시느니라"(히 13:16) ___에게 지체들을 대하여 관대한 마음을 갖게 하소서	"형제들아 너희가 자유를 위하여 부르심을 입었으나 그러나 그 자유로 육체의 기회를 삼지 말고 오직 사랑으로 서로 종 노릇하라"(갈 5:13) 남과 가족을 사랑으로 섬기는 ___가 되게 하소서
14. Thankfulness 감사	**15. Maturity 성숙**	**16. Holiness 거룩**
"범사에 감사하라 이것이 그리스도 예수 안에서 너희를 향하신 하나님의 뜻이니라"(살전 5:18) ___가 범사에 감사하는 성품으로 바뀌게 하소서	"그러므로 너희가 더욱 힘써 너희 믿음에 덕을, 덕에 지식을, 지식에 절제를, 절제에 인내를, 인내에 경건을"(벧후 1:5-6) ___가 믿음과 덕 가운데 성장하여 많은 열매를 맺게 하소서	"오직 너희의 심령이 새롭게 되어 하나님을 따라 의와 진리의 거룩함으로 지으심을 받은 새 사람을 입으라"(엡 4:23-24) ___가 성령으로 새롭게 되어 하나님의 거룩함을 나타내게 하소서
21. Prayerfulness 기도	**22. Trust 신뢰**	**23. Reverence 경외**
"아무 것도 염려하지 말고 다만 모든 일에 기도와 간구로, 너희 구할 것을 감사함으로 하나님께 아뢰라"(빌 4:6) ___가 아무 것도 염려하지 않고 항상 감사함으로 구하게 하소서	"너는 마음을 다하여 여호와를 신뢰하고 네 명철을 의지하지 말라 너는 범사에 그를 인정하라 그리하면 네 길을 지도하시리라"(잠 3:5-6) ___가 자신을 의지하지 않고 하나님만을 신뢰하게 하소서	"외모로 보시지 않고 각 사람의 행위대로 심판하시는 이를 너희가 아버지라 부른즉 너희가 나그네로 있을 때를 두려움으로 지내라"(벧전 1:17) 주님, ___가 항상 하나님을 의식하며 생각하고 행동하게 하소서
28. Humility 겸손	**29. Responsibility 책임감**	**30. Determination 결단**
"모든 겸손과 온유로 하고 오래 참음으로 사랑 가운데서 서로 용납하고"(엡 4:2) ___가 다른 사람에게 겸손하며, 온유하며, 인내하는 성품이 되게 하소서	"이러므로 우리 각 사람이 자기 일을 하나님께 직고하리라"(롬 14:12) ___가 하나님 앞에서 자기의 책임을 인정하게 하소서	"좌로나 우로나 치우치지 말고 네 발을 악에서 떠나게 하라"(잠 4:27) ___가 우편으로나 좌편으로나 치우치지 않고 선한 목표를 향해 나가게 하소서

3. Purity 순결	4. Forgiveness 용서	5. Self-discipline 자기훈련	6. Wisdom 지혜
"음행과 온갖 더러운 것과 탐욕은 너희 중에서 그 이름 조차도 부르지 말라 이는 성도에게 마땅한 바니라 누추함과 어리석은 말이나 희롱의 말이 마땅치 아니하니 오히려 감사하는 말을 하라"(엡 5:3-4) ___가 음행과 더러운 것과 탐욕과 희롱의 말을 하지 않게 하소서	"서로 친절하게 하며 불쌍히 여기며 서로 용서하기를 하나님이 그리스도 안에서 너희를 용서하심과 같이 하라"(엡 4:32) ___가 자기를 힘들게 하는 이들에 대해 인자하게 하소서. 하나님이 자기를 용서하신 것처럼 용서하는 마음을 주소서	"이기기를 다투는 자마다 모든 일에 절제하나니 … 내가 내 몸을 쳐 복종하게 함은 내가 남에게 전파한 후에 자신이 도리어 버림을 당할까 두려워함이로다"(고전 9:25-27) ___가 자기 몸을 쳐 복종하는 훈련을 기꺼이 받게 하소서	"이로써 우리도 듣던 날부터 너희를 위하여 기도하기를 그치지 아니하고 구하노니 너희로 하여금 모든 신령한 지혜와 총명에 하나님의 뜻을 아는 것으로 채우게 하시고"(골 1:9) ___에게 지혜와 총명을 주사 하나님의 뜻을 알게 하소서
10. Selflessness 이타심	11. Obedience 순종	12. Discernment 분별력	13. Compassion 긍휼
"각각 자기 일을 돌볼뿐더러 또한 각각 다른 사람들의 일을 돌보아 나의 기쁨을 충만하게 하라"(빌 2:4) 주님, ___가 자기의 일뿐 아니라 다른 사람들의 일을 돌봄으로 오는 기쁨을 알게 하소서	"자녀들아 주 안에서 너희 부모에게 순종하라 이것이 옳으니라 네 아버지와 어머니를 공경하라 이것은 약속이 있는 첫 계명이니"(엡 6:1-2) 주님, ___가 부모에게 기쁘게 순종하는 자녀가 되게 하소서	"누가 철학과 헛된 속임수로 너희를 사로잡을까 주의하라 이것은 사람의 전통과 세상의 초등학문을 따름이요 그리스도를 따름이 아니니라 그 안에는 신성의 모든 충만이 육체로 거하시고"(골 2:8-9) ___가 헛된 철학을 믿지 않게 하소서	"그러므로 너희는 하나님이 택하사 거룩하고 사랑 받는 자처럼 긍휼과 자비와 겸손과 온유와 오래 참음을 옷 입고"(골 3:12) ___를 긍휼과 자비와 겸손과 온유함으로 옷 입혀 주소서
17. Strength 강건	18. Diligence 근면	19. Love 사랑	20. Courage 용기
"끝으로 너희가 주 안에서와 그 힘의 능력으로 강건하여지고 마귀의 간계를 능히 대적하기 위하여 하나님의 전신 갑주를 입으라"(엡 6:10-11) ___가 주 안에서와 그 힘의 능력으로 강건하게 하소서	"무슨 일을 하든지 마음을 다하여 주께 하듯 하고 사람에게 하듯 하지 말라"(골 3:23) ___가 무슨 일을 하든지 주께 하듯 열심히, 부지런한 생활 습관이 몸에 배게 하소서	"사랑에는 거짓이 없나니 악을 미워하고 선에 속하라 형제를 사랑하여 서로 우애하고 존경하기를 서로 먼저 하며"(롬 12:9-10) 진실한 사랑으로 남을 존중하는 것을 기뻐하는 ___가 되게 하소서	"하나님이 우리에게 주신 것은 두려워하는 마음이 아니요 오직 능력과 사랑과 절제하는 마음이니"(딤후 1:7) 주님, ___의 마음에 두려움이 떠나고 십자가의 능력과 사랑과 절제가 가득하게 하소서
24. Confidence 자신감	25. Godliness 경건	26. Truthfulness 진실성	27. Self-control 자제력
"내게 능력 주시는 자 안에서 내가 모든 것을 할 수 있느니라"(빌 4:13) ___가 주님 주시는 능력으로 모든 것을 할 수 있음을 확신하게 하소서	"오직 너 하나님의 사람아 이것들을 피하고 의와 경건과 믿음과 사랑과 인내와 온유를 따르며"(딤전 6:11) ___가 악을 싫어하며 경건한 것을 따르게 하소서	"그런즉 거짓을 버리고 각각 그 이웃과 더불어 참된 것을 말하라 이는 우리가 서로 지체가 됨이라"(엡 4:25) ___가 모든 거짓을 버리고 진실을 말하는 자가 되게 하소서	"내 사랑하는 형제들아 너희가 알지니 사람마다 듣기는 속히 하고 말하기는 더디 하며 성내기도 더디 하라"(약 1:19) ___가 말하기를 더디 하고 성내기도 더디 하여 자기 감정을 절제하는 힘을 기르게 하소서

31. Teachability 배우고자 하는 마음	
"훈계에 착심하며 지식의 말씀에 귀를 기울이라"(잠 23:12) ___가 지침을 따르고 지식을 얻기를 즐겨하게 하소서	"초저녁에 일어나 부르짖을지어다 네 마음을 주의 얼굴 앞에 물 쏟듯 할지어다 각 길 어귀에서 주려 기진한 네 어린 자녀들의 생명을 위하여 주를 향하여 손을 들지어다" 예레미야애가 2:19

♥ 31-Day Character Prayer Calendar

	1. Respect 존경	2. Perseverance 인내
기도하는 엄마들	Submit yourselves for the Lord's sake to every human authority: whether to the emperor, as the supreme authority, or to governors, who are sent by him to punish those who do wrong and to commend those who do right. (1Peter 2:13-14) May ___ submit to authority and grow up having a good character that respects others.	Consider it pure joy, my brothers and sisters, whenever you face trials of many kinds, because you know that the testing of your faith produces perseverance. (James 1:2-3) May ___ not be discouraged when he/she meets temptations, but endure it with joy so that ___ may grow in refinement.
7. Integrity 정직성	**8. Generosity 관대**	**9. Servanthood 섬김**
who lends money to the poor without interest; who does not accept a bribe against the innocent. Whoever does these things will never be shaken. (Psalms 15:5) May __ treat others with respect, reject bribes, and always keep their promise.	And do not forget to do good and to share with others, for with such sacrifices God is pleased. (Hebrews 13:16) May __ have a generous heart for others.	You, my brothers and sisters, were called to be free. But do not use your freedom to indulge the flesh; rather, serve one another humbly in love. (Galatians 5:13) May __ serve others with love.
14. Thankfulness 감사	**15. Maturity 성숙**	**16. Holiness 거룩**
give thanks in all circumstances; for this is God's will for you in Christ Jesus. (1Thessalonians 5:18) May __ be able to give thanks in all circumstances.	For this very reason, make every effort to add to your faith goodness; and to goodness, knowledge; and to knowledge, self-control; and to self-control, perseverance; and to perseverance, godliness; (2Peter 1:5-6) May __ bear much fruit as they grow in faith.	to be made new in the attitude of your minds; and to put on the new self, created to be like God in true righteousness and holiness. (Ephesians 4:23-24) May __ be made new by the Holy Spirit to reveal God's holiness.

3. Purity 순결	4. Forgiveness 용서	5. Self-discipline 자기훈련	6. Wisdom 지혜
But among you there must not be even a hint of sexual immorality, or of any kind of impurity, or of greed, because these are improper for God's holy people. Nor should there be obscenity, foolish talk or coarse joking, which are out of place, but rather thanksgiving. (Ephesians 5:3-4) May ___ not have any hint of sexual immorality, or any kind of impurity, or greed, or foolish talk.	Be kind and compassionate to one another, forgiving each other, just as in Christ God forgave you. (Ephesians 4:32) Let ___ be kind to those who are giving ___ a hard time. Give ___ a heart of forgiveness as God has forgiven ___.	Everyone who competes in the games goes into strict training. … I strike a blow to my body and make it my slave so that after I have preached to others, I myself will not be disqualified for the prize. (1Corinthians 9:25-27) May ___ take tests willingly beating their body with obedience.	For this reason, since the day we heard about you, we have not stopped praying for you. We continually ask God to fill you with the knowledge of his will through all the wisdom and understanding that the Spirit gives, (Colossians 1:9) May ___ be filled with the knowledge of God's will through all spiritual wisdom and understanding.
10. Selflessness 이타심	**11. Obedience 순종**	**12. Discernment 분별력**	**13. Compassion 긍휼**
not looking to your own interests but each of you to the interests of the others. (Philippians 2:4) Lord, may ___ know the joy of selflessly looking after others' interests.	Children, obey your parents in the Lord, for this is right. "Honor your father and mother" -which is the first commandment with a promise- (Ephesians 6:1-2) Lord, let ___ be a child who obeys his/her parents with joy.	See to it that no one takes you captive through hollow and deceptive philosophy, which depends on human tradition and the elemental spiritual forces of this world rather than on Christ. For in Christ all the fullness of the Deity lives in bodily form, (Colossians 2:8-9) May ___ keep away from deceptive philosophy.	Therefore, as God's chosen people, holy and dearly loved, clothe yourselves with compassion, kindness, humility, gentleness and patience. (Colossians 3:12) May ___ be clothed with compassion, kindness, humility, and gentleness.
17. Strength 강건	**18. Diligence 근면**	**19. Love 사랑**	**20. Courage 용기**
Finally, be strong in the Lord and in his mighty power. Put on the full armor of God, so that you can take your stand against the devil's schemes. (Ephesians 6:10-11) May ___ be strong in the mighty power of the Lord.	Whatever you do, work at it with all your heart, as working for the Lord, not for human masters, (Colossians 3:23) May ___ work diligently, with all their heart for the Lord in whatever they do.	Love must be sincere. Hate what is evil; cling to what is good. Be devoted to one another in love. Honor one another above yourselves. (Romans 12:9-10) May ___ have joy in respecting others with love.	For the Spirit God gave us does not make us timid, but gives us power, love and self-discipline. (2Timothy 1:7) Lord, let fear leave ___'s heart and fill his/her heart with the power of the cross, love, and self-control.

21. Prayerfulness 기도	22. Trust 신뢰	23. Reverence 경외
Do not be anxious about anything, but in every situation, by prayer and petition, with thanksgiving, present your requests to God. (Philippians 4:6) May __ not be anxious about anything, but always make their request to God with thanksgiving.	Trust in the Lord with all your heart and lean not on your own understanding; in all your ways submit to him, and he will make your paths straight. (Proverbs 3:5-6) May __ not rely on himself/herself but trust in God alone.	Since you call on a Father who judges each person's work impartially, live out your time as foreigners here in reverent fear. (1Peter 1:17) May __ always be conscious of God in his/her thoughts and actions.
28. Humility 겸손	**29. Responsibility 책임감**	**30. Determination 결단**
Be completely humble and gentle; be patient, bearing with one another in love. (Ephesians 4:2) May ___ become humble, gentle and patient towards others.	So then, each of us will give an account of ourselves to God. (Romans 14:12) May ___ recognize and be responsible for his/her own sins and shortcomings before God.	Do not turn to the right or the left; keep your foot from evil. (Proverbs 4:27) May __ not stray from the path of righteousness and resist temptations.

24. Confidence 자신감	25. Godliness 경건	26. Truthfulness 진실성	27. Self-control 자제력
I can do all this through him who gives me strength. (Philippians 4:13) May __ have confidence to do everything through the Lord who gives them strength.	But you, man of God, flee from all this, and pursue righteousness, godliness, faith, love, endurance and gentleness. (1Timothy 6:11) May __ hate wickedness but pursue godliness.	Therefore each of you must put off falsehood and speak truthfully to your neighbor, for we are all members of one body. (Ephesians 4:25) May __ reject falsehood and speak only the truth.	My dear brothers and sisters, take note of this: Everyone should be quick to listen, slow to speak and slow to become angry. (James 1:19) May __ be slow to speak, slow to be angry, so that he/she may develop the power to control his/her feelings.
31. Teachability 배우고자 하는 마음 Apply your heart to instruction and your ears to words of knowledge. (Proverbs 23:12) May __ gladly follow instructions and enjoy obtaining knowledge.		"Arise, cry out in the night, as the watches of the night begin; pour out your heart like water in the presence of the Lord. Lift up your hands to him for the lives of your children, who faint from hunger at every street corner" Lamentations 2:19

♥ MEMO ♥

♥ MEMO ♥

기도하는 엄마들
한영기도일지 ❶

초판 1쇄	2010년 1월 28일
개정 1판 1쇄	2024년 7월 30일
발행인	김경섭
국제총무(프리셉트)	최복순
총무이사	김현욱
협동총무	김상현
편집부	고유영(편집실장), 김성경(디자인), 박은실
인쇄	영진문원
발행처	프리셉트
등록번호	108-82-61175
일부총판	생명의말씀사 Tel. (02) 3159-7979 Fax. 080-022-8585
주소	서울특별시 서초구 청룡마을길 8-1(신원동) (우) 06802
전화	(02) 588-2218 팩스 (02) 588-2268
홈페이지	www.precept.or.kr

국민은행 772-21-0310-382(김경섭)
2010, 2024 ⓒ 프리셉트 / 최복순

값 8,000원
ISBN 978-89-8475-842-1 03230

독자 여러분의 의견을 기다립니다.
(02) 588-2218 / pmbook77@naver.com